「世界史」で読み解けば日本史がわかる

神野正史

祥伝社黄金文庫

まえがき

20世紀初頭、ベルギーを代表する史家H《アンリ》・ピレンヌが『ヨーロッパ世界の誕生──マホメットとシャルルマーニュ』を発表し、史学界を論争の渦《うず》に巻き込んだことがありました。

所謂《いわゆる》「ピレンヌ命題《テーゼ》」問題です。

それまで、ヨーロッパ社会が古代から中世へと移行する歴史的背景は「古代ローマ帝国の滅亡」を以《もっ》て説明されていました。

この説にはいくつかの不合理性が指摘されていたものの、当時の「ヨーロッパ」という固定観念に縛《しば》られていた史家には他に対案も思いつかず、ジレンマに陥《おちい》っていました。

そうした出口の見えない迷路に迷い込んでいた史学界に一石を投じたのが、冒頭のH《アンリ》・ピレンヌです。

彼はこうした「ヨーロッパ」という〝枠《わく》〟を取っ払い、隣接するイスラーム文化圏の動きと連動してこれを説明しようとしたのです。

すなわち、中東世界においてイスラームが成立したことが、巡り巡ってヨーロッパ社会・経済・政治・宗教・文化に激動をもたらしたのであって、ヨーロッパの中だけを見ているから真実が見えてこなかったのだ、と。

それまでの歴史は、「ヨーロッパ史とその他の地域史」という歴史観からしか語られてきませんでした。

たとえ「世界史」を述べているようでも、蓋《ふた》を開ければ「地域史のツギハギ」にすぎず、たとえば〝歴史学の泰斗《たいと》〟と二つ名で呼ばれる、あの有名なL・ランケ《レオポルト》ですら、彼の大著『世界史』を紐解《ひもと》くと、中身はほぼ「ヨーロッパ史」。

それにイスラームが少し、東アジアはほぼまったく登場しません。

彼らの認識が「ヨーロッパ＝《イコール》世界」だったことが読み取れます。

この「ピレンヌ命題《テーゼ》」には「風が吹けば桶屋《おけ》が儲《もう》かる（バタフライ効果）」的な側面もあって非難も受けましたが、その正誤より、それまでの狭小な歴史観を乗り越え、広く〝世界史的観点〟から解き明かそうとした功績は大きなものでした。

ピラミッドのようなシンプルな形ですら、これを平面的に捉《とら》えようとした途端、真横から見れば三角形、視点を斜め上に移せば駒形《こま》（五角形）、斜め横から見れば凧形《たこ》（四角形）、真上からなら正方形……に見えてしまいますが、そのどれもが誤り、真の姿はあくまで「四角錐《すい》」です。

仏典にも、象を触った盲人たちがそれぞれ、腹を触った盲人が「天井のような生き物」と評したのを皮切りに、鼻を触って「縄のよう」、頭を触って「岩」、足を触って「臼《うす》」、尾を触って「蛇」とそれぞれ評する――という寓話《ぐうわ》「象を評す群盲」がありますが、これもそうした「木を見て森を見ず」の一例と言えましょう。

ましてや「歴史」などは、ピラミッドや象など比較にならないほど、多面的・立体的・構造的・体系的で客体的な存在ですから、これを側面的・平面的・短絡《たんらく》的、そして恣意《しい》的に捉えるならば、たちまち〝真の姿〟からかけ離れた別の姿を現します。

日本人として生まれたならば、自国の歴史「日本史」を学ぶのは当然の責務といえますが、しかし、それだけを学んでも「ピレンヌ以前の歴史観」「二次元で捉えようとするピラミッド」「群盲が評する象」同様、歴史は真の姿を現しません。

本書も、H《アンリ》・ピレンヌ同様「バタフライ効果」との誹《そし》りを受けることも覚悟のうえで、日本史のさまざまな場面《シーン》を思いきった世界史的観点から見ていくことで、今まで日本の中から見てきた日本史の別の側面や意外性を発見していくことを試みたものです。

本書読了後、「ああ、おもしろかった」で終わるのでもなく、「〝風桶〟もいいところじゃないか！」と揚げ足を取るのでもなく、本書を通じて「物事を見るときはつねに多面的に考究することが大切」だということを実感してもらえたなら、本書が世に出た意義が果たされたことになり、筆者としてこんなに嬉《うれ》しいことはありません。

平成29年 8月

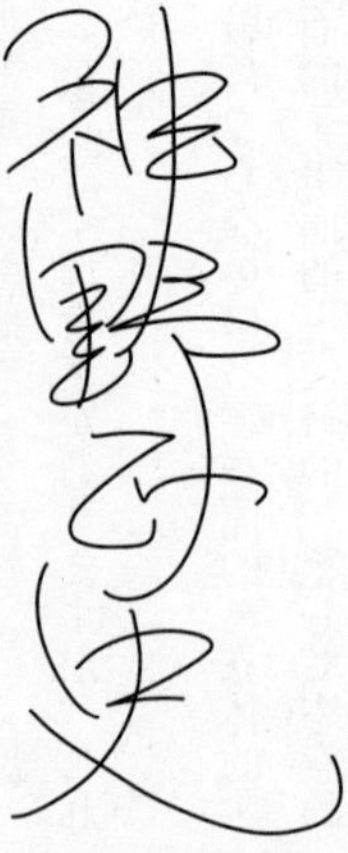

「世界史」で読み解けば日本史がわかる——目次

［第2章］

仏教公伝

「項羽《こうう》と劉邦《りゅうほう》」の戦いが与えた影響……41

閑話休題

鬼伝説の謎を解く……63

装丁　フロッグキングスタジオ

[第１章]

縄文時代

本当に貧しい未開の時代だったのか

従来の日本史観

日本の歴史上、初めて生まれた文化は、今から1万5000年ほど前に生まれた「縄文《じょうもん》文化」[※1]と呼ばれるものです。

石器段階が旧石器（打製）から新石器（磨製）に移行しはじめ、所謂《いわゆる》〝縄文〟文様を象《かたど》った土器が生まれてきたことで、それ以前までの時代とは区別されてそう呼ばれるようになりました。

とはいえ、その生活基盤《スタイル》は依然として狩猟・採集を基盤とした「獲得経済」[※2]という点において前時代から本質的に変わらず、目の前に木の実があればこれを集め（採集）、目の前に獣がいればこれを狩り（狩猟）、目の前に魚がいればこれを捕る（漁撈《ぎょろう》）ことで日々の糧《かて》を得る——というもので、それは基本的に、猿やリス（採集）、虎や豹《ひょう》（狩猟）、熊や海驢《あしか》（漁撈）などの動物とさして変わらぬ生活がつづきます。

自然から得られる糧はひじょうに少ないため、大集落を築くこともできず、周りの動植

日本と世界の時代比較

	1万年	5000年	BC｜AD
日本	縄文		弥生
世界	農耕・牧畜開始(エジプト・メソポタミア)	エーゲ文明 エジプト統一国家 中国初期王朝	ギリシア文明 ローマ帝国

物を食い尽くしてしまえば、新たな狩場を求めて移動せざるを得ず、したがって文明を高めることもできず、きわめて原始的で貧しく、未開未発達な社会でした。

日本では、そんな原始的な時代がなんと1万2000年以上もの長きにわたってつづいたのに、世界は、その間にどんどん進歩していきます。

1万年ほど前には西アジアで農耕が生まれるや、それはたちまち各地へと伝播《でんぱ》していき、5000年ほど前には各地に文明が生まれはじめます。

世界はどんどん進歩・発展していくのに、日本だけが脈々と進歩のない「縄文時代」がつづき、文明は停滞しつづけたのでした。

※1　縄文時代は、今から約1万5000年前～2300年前ごろまで。

※2　栽培・養殖・飼育することなく、自然界にある動植物をそのまま取って生活を営む経済のこと。獲得対象が植物ならば採集、獣ならば狩猟、魚介ならば漁撈と呼ばれて区別される。

しかし、何事も永遠ということはありません。

1万2000年という気の遠くなるような長い時代にわたってつづいた縄文時代もついに終わりを告げるときがやってきます。

今から2500年ほど前。

世界では科学知識の進歩により、すでに「地球は丸い」と知りはじめたころ[※3]、ようやく日本にも農耕が伝わり、この長く停滞していた社会に〝光〟がもたらされることになりました。

これにより、日本もようやく「動物と大差ない原始的な獲得経済」から「人間らしい文化的な生産経済」へと脱皮し、豊かさを享受《きょうじゅ》できるようになったのです。

そこで、以降の時代を「弥生《やよい》時代」と呼んで区別するようになりました。

※3　紀元前6～5世紀ごろにはすでにギリシアでは「地球球体説」が唱えられていました。しかし、その創始者はよくわかっていません（ピュタゴラス説・パルメニデス説・ヘシオドス説など）。

世界史から読み解く日本史観

じつは、日本列島が生まれたのは数億年前とか数千万年前とかではなく、ほんの1～2万年ほど前と、意外に新しい。

まず2000万年ほど前から数百万年かけてゆっくりと日本海の原形（このころはまだ大湖）が生まれ、徐々に大陸と繋《つな》がっていた南北の地峡《ちきょう》が細くなっていき、やがてその2つの地峡がちぎれて宗谷《そうや》海峡と対馬《つしま》海峡が生まれたことで※4、日本列島が完全に大陸から切り離されて「日本列島」となります。

こうして大陸と切り離され、その往来が困難となったことで、日本固有の文化が育《はぐく》まれる条件が整い、こうした地理的背景から最初に生まれたのが「縄文文化」です。

しかし、日本人は長くこの時代を見誤ってきていました。

※4　両海峡は生まれたり閉じたりを繰り返しながら、完全に離れたのが1万年ほど前です。

縄文時代は貧しく未開な時代？

――縄文時代は、文明の遅れた原始的で貧しい未開の時代――

永きにわたって、こうしたイメージが定着していました。

たしかに、世界で初めて農耕が始まったのは今から約1万年も前のことですから、単純にこれと比べると、1万年以上もの間ほとんど進歩が見られず、ほんの2500年前まで農耕を知らなかった日本はたいへん遅れているように見えます。

しかも、ようやく日本でも農耕が始まったといっても、日本から自発的に発生したのではなく、大陸からもたらされた結果にすぎませんでしたから、もし対馬海峡がもっと広く、その往来が困難であったならば、日本に農業が普及するのはもっとずっと遅れていたに違いありません。

また、農耕社会となり、生産経済に入ったことで「人間的で豊かな文明社会」を手に入れたというならば、相対的にそれ以前の獲得経済の時代は「原始的で貧しい未開な社会」に違いないという先入観。

しかしながら、物事というものは、〝中〟から見ただけではその本質が見えてこないことがよくあります。

そうしたとき、一歩離れて〝外〟から見てみると新しい発見があるものです。日本という〝箱庭〟の中からではなく、そこから飛び出して広く〝世界史的観点〟から日本を俯瞰《ふかん》して見たとき、縄文時代は今までとまったく異なる姿を現すようになります。

〝光〟は東方から

世界で初めて農耕が始まったのは、今から1～2万年前、西アジアのシリアのあたりだと言われています。

ちょうどそこは、アジア大陸・ヨーロッパ大陸・アフリカ大陸、三大陸の接点に位置していたため、そこを起点として、東に伝わればアジア世界へ、西に伝わればヨーロッパ世界へ、南に伝わればアフリカへと瞬《また》く間に三大陸に広がっていきました。

では、そもそもなぜ「1万年前」「シリア」だったのでしょうか。

それを理解するためには、そもそも「農業」の本質を理解しなければなりません。

まず何と言っても、農業（生産経済）というものは狩猟・採集（獲得経済）に比べて比較にならないほど手間と労力がかかるということ。

我々は、獲得経済から生産経済へと移行すれば、豊かな富が手に入ることを知っていますが、まだ農業という概念もノウハウも実績も存在しない当時、何もかも初めて、手探り状態の中で、うまくいくかどうかもわからない農耕を始めるということは、古代人にとってとてつもなく高いハードルとなります。

農耕を始めるには、農地を作るため、まず第一に今の生活環境を破壊しなければなりませんから、もし農耕への移行に失敗すれば、すべての努力がムダになるどころか、元の生活に戻ることすらできなくなってしまうからです。

ましてや現状の獲得経済から充分な食糧《しょくりょう》が得られているならば、そんな危険を冒《おか》してまでわざわざ農耕に手を出すなど狂気の沙汰《さた》です。

たとえば。

21世紀を迎えた現在でも獲得経済によって日々の糧を得ている民族はいますが、彼らと接した〝文明人〟が上から目線で彼らを「未開民族」と憐《あわ》れみ、彼らに農業を教えてやろうとしたことがあります。

しかし、彼らは訝《いぶか》しげに答えたものでした。

「あなたたちの言ってることはさっぱりわからぬ。

今こうして目の前に腹いっぱい食べられるほどの木の実や獣がいるのに、なんでわざわざそんな苦労して作物を栽培せにゃならんのかね？」

これが当たり前の発想であって、充分な食糧が手に入る環境にあるなら、わざわざ苦労と危険を冒して未知の領界に足を踏み入れるはずがありません。

そこから最初の問い、「なぜ1万年前、シリアから農業が興《おこ》ったのか」の理由が見えてきます。

ヨーロッパにおいて科学が発達した理由

そのことを理解するため、ひとつ喩《たと》え話をいたしましょう。

ヨーロッパ人は19世紀ごろ、ＡＡ圏※5に向けて盛んに喧伝《けんでん》しました。

――ヨーロッパにおいて科学が発達したのは、我々が優等民族であり、有色人種《カラード》どもがそれを発達させられなかったのは劣等民族だからだ！

したがって、俺たち優等民族がお前たち劣等民族を導いてやるのだ！

※5　アジア・アフリカ文化圏のこと。

こうした聞くに耐えない政治喧伝《プロパガンダ》が堂々と行われましたが、もちろんまったくデタラメです。

ヨーロッパにおいて科学が発達した大きな理由は、彼らの生まれ育った自然環境にあるのであって人種の優劣ではありません。

現在のヨーロッパ人というのは、ほんの4000年ほど前まで黒海からカスピ海にわたって帯状に広がる草原地帯に住んでいました。

そこはほとんど雨が降らない地域でしたから森はなく、したがって獣はきわめて貴重で、狩猟・採集で生計を立てることはできません。

ただただ草原が広がるばかりの世界でしたから、彼らは目の前の草を家畜に食べさせ、その乳《ミルク》や肉で細々と生きるより道はなかったうえ、しかもそうした生活すら安定せず、周りの牧草はすぐに食い尽くしてしまうため、彼らは牧草を求めて移動生活を強《し》いられます。

こうした遊牧民としての生活は、必然的に文明を高めることもできず、人口を増やすこともできず、日々生きていくこと自体が精一杯でした。

そんな生活を何千年とつづけてきた彼らがヨーロッパに入植してきたのはほんの400

0年ほど前。

そこで彼らが見たものは、すべてが驚きの連続でした。

目の前には彼らが見たこともない見渡す限りの森林《フォレスト》が広がり、そこには獲りきれないほどの獣が棲《す》んでいます。

あれほど恋い焦がれた恵みの雨はうんざりするほど降る！

今まで土臭い水しか飲んだことがなかったのに、森から湧き出る水は甘露《かんろ》！

こんな環境にあっては、もう遊牧などする必要はありません。

弓刀を取って狩りをすれば腹いっぱい肉が食える！

こうして森林《フォレスト》が豊かな猟場として彼らに新しい糧を与えてくれる〝恵み〟となったわけですが、しかし同時にその森林《フォレスト》こそが彼らの〝脅威〟となってその前に立ちはだかることになります。

辞書的には「forest」は「森」と訳されますが、実際には「forest」と「森」は別物といってよい概念で、日本の森とは違い、ヨーロッパのforestは、昼でも地面に陽が差し込まないほど鬱蒼《※6うっそう》とし、気温は低く、湿度は高く、地面には一面ビッシリと苔《こけ》が生《む》し、そのうえ地面はでこぼこしていたため、ひとたび森に足を踏み入れれば、馴《な》れた者ですらたちまち方向感覚を失い、迷子になってしまうことも珍しくない。

ヨーロッパにおける民話・童謡などには、かならずといってよいほど森の奥に「魔王」や「魔女」が棲んでいる設定になっていますが、これは彼らヨーロッパ人が常日頃から如何《い》に《か》森《フォレスト》を怖《おそ》れていたかを示しています。

彼らにとって森は〝恵み〟であると同時に〝恐怖〟なる存在。

そこで彼らは、「森《フォレスト》とともに共生する」道を選ぶのではなく、「木を伐採《ばっさい》し、森《フォレスト》を切り拓《ひら》き、整地し、住みよい町を造ってゆく」道を選びます。

こうして、ヨーロッパ人にとって周りの自然はすべて「征服するべき対象」となっていったのです。

科学はこうした「自然を征服する歴史」の中から育まれたのです。

ヨーロッパで科学が発達したのは、彼らの生活がけっして住みよい環境になかったため、これを克服する必要があったからにすぎません。

アジアで科学が発達しなかった理由

これと対照的なのが農耕民です。

農耕民は狩猟民と比べて、圧倒的に自然と密な関係にあったため、自然を征服しようなどと思えば、たちまち手痛いしっぺ返しを喰《く》らってしまうことは、長い歴史の中で骨身に染みて思い知らされています。

そうした農耕民にとって、自然は逆らってはならない「調和すべき存在」であり、調和している限り、自然は豊かな恵みをもたらしてくれるため、したがって科学が発達する土壌が希薄となったのです。

このように、環境が民族の特性や相違を生むのであって、断じて民族の優劣ではありません。

苦境こそが歴史を動かす原動力

つまり、人が「一歩」を踏み出すときというのは、その前にかならず「現状を打破しなければならないほどの試練・苦難」が立ち塞《ふさ》がったときです。

※6　この地域に住む者の肌が白くなった（白人種の成立）のは、紫外線量が少なかったためだという考え方もあるほどです。人間は紫外線量が多すぎると皮膚癌《ひふがん》になってしまいますが、少なすぎてもクル病などの病を得るため、太陽光線の弱いところでは白い肌が、強いところでは黒い肌が有利です。

事実、歴史を紐解けば、技術革新・体制改革・革命・叛乱《はんらん》・戦争など、歴史を動かすような大きな変化が起こるときというのは、その前にはかならず生きるか死ぬかの〝困難〟が襲っています。

逆に言えば、追い詰められなければ歴史は動きません。

農耕も同じ。

先史時代[※7]のことですからはっきりしたことはわかっていませんが、おそらく1万年ほど前のシリアのあたりで何らかの環境変化が生じて、従来の獲得経済が破綻《はたん》し、大飢饉《ききん》が襲ったのでしょう。

餓死者が累々《るいるい》と横たわり、もはや従来型の生活が成り立たないとなれば、好むと好まざるとにかかわらず、生き延びるために新しい道を切り拓かざるを得ません。

彼らが世界で初めて農耕へと一歩足を踏み出したのは、当時の西アジアが〝進んでいた〟からではなく、砂漠に囲まれた貧しい環境にあって、そうせざるを得ないほどの経済危機に追い込まれていたからにすぎません。

創業と守成

こうした世界の動きを理解したうえで、もう一度、日本を振り返るならば、縄文時代の真の姿が見えてきます。

そもそも、ひとつの時代が1万年以上もつづくというのは異常です。

人類史上、繁栄をきわめた文明や覇権《はけん》国家などはそれこそ数えきれないほどありますが、1000年以上の永きにわたってつづいた国家は数えるほどしかなく、2000年以上つづいた国家となるとたった2つ、3000年以上つづいた国家はひとつたりともありません。

ましてや1万年などケタ違いです。

このことに関して、7世紀前半の中国においてこんな逸話が残っています。

あるとき、時の皇帝・唐《とう》の太宗《たいそう》が家臣に下問しました。

——王朝を興すこと（創業）とこれを維持すること（守成）では

※7　文字のなかった時代のこと。文字が生まれて以降は「有史」と言います。

どちらがより難しいであろうか？

下問を受けた家臣のひとり房玄齢《ぼうげんれい》※8は答えます。

「それはもう創業でしょう。

秩序なき混迷を窮める時代に、数多くの実力者がひしめき合う動乱の世を制するは、これ至難の業《わざ》ですから」

しかし、もうひとりの家臣魏徴《ぎちょう》※8がこれに反論します。

「守成の方がはるかに難しいと考えます。

古来、戦乱の世から興って覇を唱えた国は数多《あまた》あれど、亡《ほろ》びなかった国はひとつたりともないのですから」

これが「頂点に君臨することより、ひとつの体制を永くつづけることの方がはるかに難しい」ということを諭《さと》した、所謂「創業守成」の故事です。

これを踏まえて縄文時代を見たとき、「縄文時代」というひとつの時代が1万2000年以上にもわたって大きな変革もなくつづいていたというのは、人類史上から見ても先にも後にも他に類例のない、驚異にして偉大なことです。

それまで考えられてきたように、もし縄文時代が「原始的で貧しくて遅れた未開社会」

だったとするなら、その困難・試練を前にして社会変革が起こらないはずがなく、1万2000年も保《も》つはずがありません。

「1万2000年もつづいた」という事実自体が、縄文時代が「変革を必要としないほど豊かで平和な時代」だったことを証明しているのです。

縄文集落の実像

これを実証するように、近年本格発掘されるようになった縄文遺跡[※9]から、従来のイメージとはかけ離れた事実がつぎつぎと明らかになってきています。

遺跡からは、300人もの大人数を収容できるような大規模な建築物、高さ15mもの物見櫓《やぐら》(?)が発見され、さらには集落の中央には幅12mもの大通りが走っていました。

これほど高度な技術と大規模な土木工事によって整備された集落の存在は、一定数の人口によって支えられていたことの証明であることはもちろん、その高度な建築技術はすで

※8　房玄齢・魏徴は唐の「貞観《じょうがん》の治《ち》」を支える双璧《そうへき》となった政治家。

※9　三内丸山遺跡。この遺跡の存在自体は古くより知られていたものの、本格的に発掘されるようになったのは近年になってから。

に職業の分化すら起こっていた可能性すら示し、さらには、従来考えられてきたように、縄文人は〝食糧を求めて移動生活〟などしていなかったことになります。

そのうえ、その土地では取れない翡翠《ヒスイ》などの高価な装飾品や黒曜石《こくようせき》でできたナイフが多数発掘されていることから、遠隔地貿易も行われ、かなり豊かで文明的な暮らしぶりが窺《うかが》い知れるようになってきました。

定住を可能にした縄文人の知恵

しかし、ここで疑問も湧いてきます。

自生する木の実を拾い集め、近くの獣を狩るだけの狩猟採集民が、定住してこれほどの大集落を築きあげ、またそれを維持することなどできるものでしょうか。

ヨーロッパ史観に基づく〝常識〟では考えにくいことです。

ところが最近、それが可能だった証拠がつぎつぎと発見されてきました。

集落周辺の花粉を調べてみたところ、集落を中心に鬱蒼とした栗の森があったことがわかったのです。

それは自生レベルをはるかに超えた密度であったため、縄文人が自然採集のみに頼っていたのではなく、ちゃんと栗の木を苗から植え、栗の森を育て、繁殖させていたことがわかってきました。

たとえば現在でも、林業では「伐採した木と同じ数だけの植林」を行い、漁業では「捕った鮭から卵と精液を取り出し、人工授精・孵化《ふか》・放流」させることで、子々孫々に至るまで恒久的《こうきゅう》に資源が枯渇《こかつ》しないように配慮していますが、それと同じことを縄文人も行い、資源（栗の森）が枯渇しないように工夫していたというわけです。

こうした特徴はヨーロッパその他の狩猟採集民には見られないもので、これなら安定的に採集を確保することが可能になります。

しかし、それでも「定住」となるとまだ足りません。

そこで、時代の名前の由来ともなっている「縄文土器」がその謎《なぞ》を解明する焦点となります。

従来、縄文土器は単なる「壺《つぼ》」として使用されていたと思われていましたが、最近、この縄文土器から魚などを煮炊きしたときの〝おこげ〟が多数発見されました。

彼らは、木の実や魚を生《なま》のまま食すのではなく、ちゃんと煮炊きをし、料理をしていたことが判明したのです。

火を通すことで栄養価が高くなるばかりか、生のままでは食べられなかったものも渋《しぶ》抜き・灰汁《あく》抜き・毒抜きができて食料の幅が飛躍的に広がりますし、なおかつ料理のバリエーションも増え、驚くほど豊かな食卓事情となります。

さらに、日本の豊かな四季を利用し、春は山菜やきのこを採り、夏は漁撈《ぎょろう》に精を出し、秋は豊かな木の実を採集し、冬は森で狩猟を行って肉と毛皮を得、季節に適した旬の食糧を求めることで移動生活する必要がなくなります。

四季折々の豊かな自然に恵まれ、そこから充分な糧を得ることができた縄文人は、まったく農業に移行する必要がなかったのです。

いいえ、それどころか、たとえ農業を知ったとしても、その導入には抵抗したことでしょう。

なんとなれば、先にも触れたように、農業を導入するためにはその第一歩としてまずこの実り豊かな自然を破壊し、整地して田畑を作らなければならないからです。

縄文文明、

こうして、縄文文化は「1万年にもわたって進歩もなく、停滞した、貧しく原始的な社会」ではなく、農業に移行する必要がまったくないほど「豊かで平和で安定した社会」だという考古学的証拠が出揃《でそろ》ってきました。

そもそもそうでなければ、ひとつの時代が1万年もつづくはずがありません。

——過ぎたるは及ばざるが如《ごと》し。

——琵琶《びわ》の弦《げん》、締めりゃ切れるし、弛《ゆる》めりゃ鳴らぬ。

物事すべて、極端に走るものはほどなく崩壊するものですが、文明も貧しすぎても豊かすぎても崩壊に向かうものです。

その点、縄文時代は特別に貧しいわけでもないが、かといって農業のように豊かすぎることもなかったため、貧富の差も現れず、戦争も起きない。

事実、縄文集落からは身分の差を示すものや、城壁・堀などの防衛施設も見つかっていません。

自然から得られる糧は限られていますから、狩猟・採集・漁撈など、ひとつひとつの自然から得られる糧はわずかでも、これと調和しながら一年の季節ごとの恵みをうまく循環させることで、恒久的かつ必要充分な糧を得る絶妙なバランスを保った生活が、1万年以上に及ぶ長い時代を支えたのです。

もはやここまでくると、縄文は「文化」ではなく「文明」と呼ぶにふさわしいレベルにまで達していたと主張する学者[※10]もいるほどです。

近年、〝縄文文明〟は所謂「世界四大文明[※11]」などよりはるかに古くから高度に発達した文明であったという認識が広まりつつあります。

〝災《わざわ》い〟は東方から

とはいえ、「永遠」というものはこの世に存在しません。

1万年以上もつづいたこの〝縄文の平和《パックスジヨモーナ》〟にもやがて終焉《しゆうえん》のときがやってきます。

しかし、この人類史上類を見ないほど安定していた「地上の楽園」の平和を破る〝災い〟は内からではなく「外」からやってきました。

それこそ、大陸から大量に入植してきた弥生《やよい》人たちです。

彼らは大陸に住んでいたころからすでに農耕を受容していたため、日本に入植してきたのちも縄文式経済ではなく農業を営もうとしました。

いつの世も、革新は古き佳《よ》き社会を駆逐《くちく》します。

採集民と農耕民が接触すれば、採集民は駆逐される宿命にあります。

農耕は共同体全体による一斉作業を必要とするため、それを司る指導者として「王」が現れます。

また農耕による富の蓄積は貧富の差を生み、また敵勢力から襲撃を受けるようになるため、これを守るために村には濠《ほり》や柵が巡らされ、より強い軍事力を求めて逆に周りの土地を呑《の》み込まんと好戦的になります。

縄文人がいくら〝古き佳《よ》き生活〟を守ろうとしても、彼らの経済力・組織力・軍事力・征服欲を前にして屈せざるを得ません。

彼らに残された途《みち》は3つ。

①自分たちも農耕を始め、彼らに対抗し得る軍事力を身に付ける。
②断固として古き佳《よ》き縄文社会を守って亡ぼされる。
③弥生人の力の及ばない東北へと逃れる。

※10　安田喜憲《やすだよしのり》、梅原猛《うめはらたけし》ら。

※11　紀元前3千年紀に生まれた古代文明の総称。しかしながら、そもそも「世界四大文明」などというものは、19世紀の末に梁啓超《りょうけいちょう》が政治的意図（中国自讃）から突然言い出したもので、史学的な根拠があるわけでもなく、現在ではほぼ完全に否定されています。

それを裏づけるように、現代日本人のDNAを調べると、東北に行けば行くほど縄文人のDNAが濃くなることがわかっています。

こうして日本もついに農耕という〃毒〃に冒され、集落は村へと発展し、柵や濠《ほり》が巡らされ、戦争が頻発するようになると、その中から複数の村々を束ねる有力者が現れ、やがて「王」を名乗るようになり、「国家」へと発展していくことになったのでした。

縄文に学ぶ

このように、縄文末期から日本にも否応《いやおう》なく農耕が広まっていくことになりましたが、しかし、1万年以上に及ぶ〃縄文精神〃とも呼ぶべき魂は、脈々と日本人の心に伝わってきていました。

それは「自然と共生・共存し、足るを知る」精神です。

ほんの150年ほど前まで日本は徹底したリサイクル社会だったということがわかっています。

瀬戸物・鋳物《いもの》・履き物、壊れたものは何でも捨てずに徹底的に修理。

紙クズ・鉄クズ・灰・糞尿《ふんにょう》、捨てられたものまで徹底リサイクル。

着物は仕立て直して着回し、ボロボロになったら布おむつにし、それもくたびれてきたら雑巾《ぞうきん》に、雑巾としても使い物にならなくなると、最後は風呂焚《た》きの燃料に。

現在、世界的に非難を受けている捕鯨《ほげい》も、肉はもちろん、皮・ヒゲ・骨・脂肪・内臓に至るまで、捨てるところなど一片もなく使い倒し、また、捕鯨が儲かるからといって、必要以上に捕ることもしない。

――生きていくうえで必要最小限だけを自然からいただき、必要以上に捕らない。

自然の恵みをどうしようもなくなるまで使い尽くし、これに感謝し、

自然から奪った分、育てることにも力を注《そそ》ぐ。

こうした「足るを知る」日本人特有の理念は、縄文から脈々と伝わってきたものなのかもしれません。

そしてこれは、欧米人たちの価値観とは対極にある価値観です。

彼らの基本理念は、「自然破壊」「利潤追求」「大量生産」「大量消費」。

ひとたび儲かるとなれば、自然を破壊し尽くし、生態系の崩壊などまるで考慮せず欲望の赴《おもむ》くままにただただ捕りまくり、必要な部位だけえぐり取ったら〝要らないもの〟はすべて捨てる。

昔の日本人なら目を背《そむ》けたくなるようなこうした蛮行《ばんこう》を、その先に待つ破綻がやってくるその日まで繰り返します。

しかし。

現在の日本人は、欧米から入ってきたこうした理念に汚染され、縄文以来の〝古き佳き〟理念はすっかり忘れ去られてしまいました。

そして現在。

人類は地球から得られる資源を食い尽くし、破綻寸前に至りながら、なお大量消費をやめようともせず、かといって、解決策を見出せずにいます。

そして縄文の血を引く我々日本人もその片棒を担ぐ有様。

18～20世紀に世界を席巻《せっけん》した「白人的大量消費社会」はもはや時代遅れ。

我々は破滅してしまう前にもう一度、「縄文的自然共存社会」に学ぶ必要に迫《せま》られているのではないでしょうか。

［第2章］

仏教公伝

「項羽《こうう》と劉邦《りゅうほう》」の戦いが与えた影響

従来の日本史観

日本固有の宗教「神道《しんとう》」。

最初に混沌《こんとん》の宇宙の中から天之御中主神《あめのみなかぬしのかみ》が生まれ、そこから造化三神《ぞうけのさんしん》、別天津神《ことあまつかみ》を経《へ》て、神世七代《かみよななよ》の最後に伊邪那岐《いざなぎ》・伊邪那美神《いざなみのかみ》が生まれます。

そしてその伊邪那岐《いざなぎ》から生まれたのが天照大御神《あまてらすおおみかみ》で、彼女が皇祖神となってその五代孫が初代天皇神武《じんむ》として即位。

そこから今上《きんじょう》天皇まで、万世一系で脈々と皇位が連なって現在に至る――という理念を持つ宗教です。

このような「神々の系譜から連綿と連なる王家」というのは古代において世界各国に生まれましたが、現在ではそのことごとくが断絶・滅亡に追い込まれ、現在天皇家だけが唯一の「神に連なる王家」となっています。

したがって、日本では宗教と王家が一体であり、神道こそが国の根幹となる民族宗教でしたが、これを揺るがすような事件が起こります。

それが「仏教公伝《ぶっきょうこうでん》」。

じつは6世紀ごろまで日本には各地方に独立政権が割拠していて大和《やまと》政権はそのうちの一有力政権にすぎませんでしたが、統一戦争を勝ち抜き、叛乱《はんらん》を平定して、ようやく欽明《きんめい》天皇のころにほぼ統一を達成、朝廷もようやく安定期を迎えます。※1

当時、朝廷には天皇を輔佐《ほさ》する役職として、大連《おおむらじ》と大臣《おおおみ》の二大勢力がありましたが、6世紀の中ごろまでに、大連の家柄として物部《もののべ》氏が、大臣の家柄として蘇我《そが》氏が有力者として名を連ねていました。

物部氏といえば、祖先を遡《さかのぼ》れば邇藝速日命《にぎはやひのみこと》※2に連なる由緒正しき伝統貴族でしたが、これに対して蘇我氏は、一説に渡来人※3の家系とも言われる新興貴族。

旧と新、土着と渡来、由緒正しき家柄と新興勢力、相反する者が並び立てば、対立が起

※1　そのため、欽明天皇以前を「大和王権」、以降を「大和朝廷」と区別して呼ぶこともあります。

※2　神武天皇が東征《とうせい》したとき、大和の国を治めていた人物。
神話系図的には、天照大御神の孫、須佐之男命《すさのおのみこと》の子、大国主命《おおくにぬしのみこと》の子、と諸説ある。

※3　ほとんどは朝鮮から渡ってきた帰化人。

こるのは世の常。

外敵がいるときには内なる結束も強まりますが、天下を掌中《しょうちゅう》に収めて外敵がいなくなると、つぎに内部抗争が起こるのもまた世の常です。

こうした一触即発の情勢の中、その引き金となったのが、6世紀中頃（538年または552年）の仏教公伝でした。

仏教は、それ以前から渡来人の間ではすでに信仰されていたものの、それが民間の頭の上を素通りして、百済《くだら》王から欽明天皇に仏典や仏像が伝えられたことは大きな転換点《ターニングポイント》となりました。

神道は八百万《やおよろず》の神を信仰する多神教ということもあって比較的他教を受け容れやすい土壌はあった※4ものの、何より天皇自身がこれに反対しなかったことで、神道を推す土着勢力の物部氏と、仏教を推す渡来系との癒着《ゆちゃく》が強い蘇我氏が「廃仏」か「崇仏」かの論争を繰り広げるようになり、両家の対立が表面化してしまいます。

以降、熾烈《しれつ》な「崇仏・廃仏論争」を引き起こすことになってしまったため、欽明天皇は事態の収束を図《はか》って断を下します。

「両者の言い分どちらにも一理ある。ではこうしよう。

この仏典・仏像はそちに預ける故《ゆえ》、どれほどの御利益《ごりやく》があるか、試しに拝んでみよ」

こうしていったん蘇我氏に預けてみたところ、その直後、折悪《おりあし》く疫病《えきびょう》が流行。

物部氏はここぞとばかり廃仏運動を繰り広げます。

――それ見たことか！

異教の神を拝んだことによる神の怒りである！

このときの廃仏運動は凌《しの》いだものの、蘇我氏がふたたび仏像を祀《まつ》るようになると、またしてもそのタイミングで疫病が発生し、蘇我氏は窮地に陥ります。

ところが今度は、廃仏運動の最中において疫病が流行したため、蘇我氏の反攻が始まりました。

――それ見たことか！

仏像を破壊するなどという罰当《ばち》たりなことをするからである！

こうして、内部闘争が激化したときというのは、トップに立つ者がブレることなく断を

※4　一神教だとそうはいかない。「神はひとつ」なので、異教の神は例外なく「邪神」であり、邪教徒を殺戮《さつりく》し尽くすことが神の思《おぼ》し召《め》しとすら考える（実際、聖書には神がそう命じるシーンがある）。

下すことが大切です。

ところがこのとき、肝心の天皇が廃仏派と崇仏派の間を揺れ動いたため、問題は長期化・深化していき、やがては天皇の廃立問題まで発展してしまいます。

そしてそれは、崇仏派の蘇我氏が廃仏派の物部氏を討伐《とうばつ》する「丁未《ていび》の乱[※5]」となって帰結し、物部氏は亡ぼされることとなりました。

※5　「崇仏派」の蘇我氏と「廃仏派」の物部氏の対立が、587年、武力闘争として発展したもの。

世界史から読み解く日本史観

このように、日本に激震が走り、その後の歴史に多大な影響を与えることになった「仏教公伝」。

しかし、これを世界史的視野から見たとき、じつは仏教公伝より歴史を遡ること750年もの昔、日本がまだ弥生時代だったころに、日本とはまったく関係のないところで起こった出来事が巡り巡って日本に「仏教公伝」をもたらし、その歴史を大きくうねらせたとしたら、それはどんな意味を持つでしょうか。

項羽《こうう》の敗北

日本がまだ弥生時代だった、紀元前3世紀末。

中国では「項羽と劉邦《りゅうほう》」というふたりの英傑《えいけつ》が熾烈《しれつ》な覇権争いをしていました。

これより先、中国史上初の統一王朝となっていた秦《しん》は始皇帝《しこうてい》の死後あっけなく亡び、その混乱の中でこのふたりが頭角を現していたのです。

項羽の戦上手《いくさじょうず》といえば類稀《たぐいまれ》なるもので、23歳のときに挙兵して以来敗死するまで、70戦以上戦って無敗（最後の一戦を除く）、しかも、名将章邯《しょうかん》が率いる秦軍20万や、漢《かん》軍56万の大軍を寡兵《かへい》で破ったことがあるほどの破格の強さ。

それに対して、劉邦の戦下手《いくさべた》は有名で、親子ほど歳の離れた項羽に頭を下げ（鴻門《こうもん》の会《かい》）、辺境（漢中）への配流《はいる》に甘んじ、幾度となく敗走を繰り返す有様。

しかし。

「項羽は確かに強いが、その強さは脆《もろ》い」

韓信《かんしん》がそう評したように、欧州《ヨーロッパ》ではハンニバル然《しか》り、カエサル然り、ナポレオン然り、中国では白起《はくき》然り、韓信《かんしん》然り、呂布《りょふ》然り、洋の東西と古今《ここん》を問わず、歴史は「（戦術的に）強い」だけの者に〝一時的勝利〟を与えることはあっても〝最終的勝利〟を与えることはありません。

ハンニバルたち同様、項羽は確かに「戦術」にかけては天才的でしたが「戦略」[※6]に疎《うと》いという致命的弱点がありました。

そうしたことを自覚し、戦略に長《た》けた軍師をきちんと輔佐に置いてその言に従うなら問題はありませんが、彼の場合、范増《はんぞう》・陳平《ちんぺい》などすぐれた軍師を擁しながら、この言に従わず、これを使いこなすことができません。

これに対して、劉邦はおのれに才覚がなかったが故《ゆえ》に家臣の諫言《かんげん》をよく聞き入れたため、この差がじわじわと現れ、項羽は前線で連戦連勝（戦術的勝利）をつづけながら全体的にはジリ貧（戦略的敗北）となり、ついに垓下《がいか》で大敗を喫することになります。

白登山《はくとさん》の戦い

こうしてついに項羽を倒し、天下を制した劉邦でしたが、つぎに彼の目の前に立ち塞がったのが、モンゴル高原の覇者・匈奴《きょうど》の冒頓単于《ぼくとつぜんう》でした。

劉邦が天下を獲った（前202年）のと、ほぼ時を同じうしてモンゴル高原の統一に成功（前209年）していた人物です。

――両雄並び立たず。

※6　「戦術（目先の戦闘に勝つ術）」に長けているのが名将、「戦略（最終目的を勝ち取る術）」に長けているのが名軍師。項羽は名将ではありましたが、軍師たる資質には欠けていたということです。

やがて中国領内に侵寇《しんこう》してきた匈奴を討つことを決意した劉邦は、御自《おんみずか》ら軍の先頭に立つ親征《しんせい》を以て、32万という大軍で北上を始めました。

ところが、これを迎え討つ匈奴軍は各地で連敗。

「弱い、弱い！　なんと手応えのない！

冒頓《ぼくとつ》も口ほどにもないのぉ！」

緒戦の連勝に気をよくした劉邦は有頂天となり、劉敬《りゅうけい》の諫言[※7]をも遮《さえぎ》り、逃げる匈奴軍を追ってさらなる北上を試みます。

とはいえ、敵は騎兵中心、漢は歩兵中心。

これでは逃げる匈奴軍を追うのも一苦労。

ましてやこちらは32万もの大所帯だったため動きが鈍《にぶ》く、漢軍はみるみる前衛から後衛まで陣形が伸びきってしまいます。

「陛下！

この伸びきった陣容は如何にもまずいですぞ！

主力の到着を待つべきです！」

たまらず陳平[※8]も諫言しますが、劉邦はこれも遮り、追撃の手を緩《ゆる》めようとしない。

――あともう少しであやつの首を取れるのに、
　ここまできて手綱《たづな》を緩められるか！

　その結果、突出した前衛が白登山[※9]に着いたとき、主力部隊はまだはるか後方にいたという有様。

　このとき、突如として銅鑼《ドラ》が鳴り響き、鬨《とき》の声がうなりを上げ、馬蹄の音が地響きのように伝わってくる。

　気がつけば、劉邦率いる前衛軍は、アッという間に白登山に追いたてられて、匈奴騎馬軍40万に包囲されてしまったのでした。

　緒戦の敗走も、すべては冒頓単于《ぼくとつぜんう》の計略。

　それを悟ったときには遅すぎました。

※7　劉敬「これは臭いますぞ。匈奴があまりにも弱すぎます。これは我々を誘《おび》き出す策に違いありません！　陛下、ここはご自重のほどを！」
※8　初め項羽に仕えていたものの、献策は聞いてもらえず、果ては理不尽な八ツ当たりをぶつけられ身の危険すら感じたためここを出奔、劉邦の下に走り、彼に仕えるようになっていた。
※9　平城《へいじょう》（現在の大同《だいどう》）のすぐ北東にあった小山。

主力軍と切り離されたわずかな前衛部隊が、寒風吹き荒《すさ》ぶ孤山で40万の精鋭騎馬軍に取り囲まれたのですから、これは街亭《がいてい》で孤山に包囲された馬謖《ばしょく》※10以上の苦境に陥ったことを意味します。

絶体絶命の危機に陥った劉邦は、このときは陳平の機転でなんとか切り抜けましたが、莫大な歳幣《さいへい》※11を支払うハメに陥り、以降70年間にわたって匈奴の属国扱いを受ける始末となったのでした。

中央アジア大混乱

こうして漢から毎年潤沢な富（歳幣）がもたらされるようになった匈奴は、この財力を背景として中央アジアへの侵略を繰り返すようになります。

匈奴の侵攻を受けた中央アジア世界は大混乱に陥り、月氏《げっし》・烏孫《うそん》・塞族《サカ》など、中央アジアに住んでいた多くの民族が匈奴の圧迫に耐えかね、故地を棄てて大民族移動を始めました。

こうした混乱の煽《あお》りを受けて、ソグディアナ地方※12では、ギリシア系のバクトリア王国が滅亡。

これを滅ぼしたイラン系トハラ人が大夏国《たいか》を建国したものの安定せず、さらにこれを滅ぼした月氏族によって大月氏王国が成立します。

あの有名な張騫《ちょうけん》が武帝《ぶてい》に命ぜられて使者としてやってきた国です。

その大月氏も短期政権に終わり、つぎのイラン系クシャーナ朝の代になってようやく匈奴侵寇以来永らく混迷してきたこの地方も安定期を迎えることになりました。[※13]

クシャーナ朝の繁栄

ところでちょうどこのころ、クシャーナ朝のすぐ南に位置する北インドでは、マウリア朝の崩壊後永らく統一王朝も現れず、混乱がつづいていました。

※10　中国の三国時代、街亭の守将を任されたものの、丞相（諸葛亮《しょかつりょう》）の言いつけを守らず山頂に布陣して敗れた蜀《しょく》将。軍法に照らして処刑され、「泣いて馬謖を斬る」の故事となったことで有名。

※11　毎年支払わされる中国独特の賠償金のこと。

※12　アム・シル両河畔一帯のこと。中世になると「マーワラーアンナフル」、トルコ化が進むと「トルキスタン（の西部）」、近世以降は「ウズベキスタン」と時代によって呼び方はころころと変わることに。

※13　ただし、大月氏とクシャーナ朝は連続性があると考える学者もいる。

――北インドは豊かな地勢なのに、今、それを守る強大な国家がない！

ソグディアナを制したクシャーナ朝の第2代皇帝ヴィマタクトはここに目を付け、カイバル峠を越えて北インドへと侵攻しはじめると、第4代カニシュカ1世のころにはベンガル地方を除く北インドのほとんどをその支配下に置くまでになります。

これによりクシャーナ朝は、カイバル峠を挟んでその北半が中央アジア文化圏、南半がインド文化圏、2つの文化圏を押さえる大帝国となりました。

しかしながら、喜んでばかりもいられません。

ひとつの国家が複数の文化圏を統治するというのはたいへんな困難を伴うもの。

クシャーナ朝は新たに手に入れた異文化圏（北インド）を円滑に統治するため、できるだけ現地の文化・宗教・制度を尊重しようとしますが、このときパンジャブ地方（インド北西部）には大きな問題が持ち上がっていました。

仏像は是か非か

それが「仏像問題」です。

そもそも本来の原始仏教では「偶像崇拝」など一切していませんでした。

それは「禁止する」とか以前に、そこに空気が在るが如く当然のこととして「木偶《でく》を拝む」などという愚行を冒す者などいなかったため、釈尊《しゃくそん》も敢《あ》えてそれを禁止する教えを残さなかったほど。※14

ところが、中央アジアが混乱する中でバクトリア王国が滅亡し、その遺民（ギリシア人）たちが大量にパンジャブ地方に逃れてきたとき、彼らが仏教に触れ、これに帰依《きえ》するようになると、彼らはその禁を破って仏像を彫り、これを拝みはじめます。

所変われば品変わる。

民族が違えば価値観も変わります。

インド人にとって破廉恥《はれんち》きわまりない瀆神《とくしん》行為も、ギリシア人にとっては神像を彫ること自体が「神聖なる宗教行為」であり、仏教に帰依したならば仏像を彫ることは至極当た

※14　法や戒律は破る者が現れたときに生まれるものです。誰も犯さないような過《あやま》ちにわざわざ法や戒律は作りません。お釈迦《しゃか》様も一応「自らを拠《よ》りどころとし、法を拠りどころとして、他を拠りどころとする勿《なか》れ」など、間接的に偶像崇拝を諌《いさ》める教えを残していますが、はっきり「偶像崇拝禁止」と明言していないのはそのためです。
　しかし現在、明言していないことを以て「仏像崇拝の正統性」の論拠とする愚論が後を絶ちません。

り前と考えました。

ここに「仏像を彫りたいギリシア人」と「これを禁止しようとするインド人」という対立構造が発生します。

クシャーナ朝がその裁定を行うことになりましたが、クシャーナ朝もギリシア人と同じ異民族。

所詮《しよせん》インド人の価値観の中から生まれた深遠なる仏教教理など理解できず、王朝はあっさりと「仏像を彫る」ことを許可してしまいます。

こうして生まれた仏像美術こそが有名な「ガンダーラ美術」[※15]ですが、これこそが仏教における偶像崇拝の濫觴《らんしよう》（始まり）となり、仏教腐敗の温床となっていきます。

堕落が世界宗教への飛躍材料に

しかし、物事すべて森羅万象、長所《メリツト》と短所《デメリツト》は表裏一体。

本来の仏教にとって「偶像崇拝」は堕落ですが、今回はそのこと自体が仏教〝飛躍〟へと繫がっていきます。

もともと仏教というのは〝現世利益を追求するための叡智《えいち》の集大成〟といった観が強

く、「宗教」というより「哲学」「学問」的で、それゆえ教義は難解、さらには経典のパーリ語※16以外への翻訳を禁じていたため※17、仏教が世界宗教へと脱皮するための大きな障害《ネック》となっていました。

ところが、クシャーナ朝が仏像を許可したどころか、禁を破ってサンスクリット語（当時のインドの言語）で仏典を編纂し、自分たち異民族の価値観に合わせて教義を曲解・改変して、仏教の崇高な理念を換骨奪胎《かんこつだったい》してしまいます。

こうして生まれたのが「大乗《だいじょう》仏教」です※18。

名前だけはこれ以前も以降も「仏教」と呼ばれますが、中身はもはや別物、「学問」「哲学」としての本質は失われ、以降は「念仏宗教」としての特質が前面に打ち出されるようになります。

※15　当時、パンジャブ地方のあたりは「ガンダーラ」地方と呼ばれていました。

※16　実際に釈尊が話していた言葉に近い言語。

※17　他言語に翻訳したとき、誤訳・拙訳・迷訳・改訳・重訳が行われたり、また民族的価値観の違いにより、恣意《しい》的に教義を改変されることを懼《おそ》れたため。実際、大乗仏教においてそうしたことが行われている。

※18　これと区別するため、それまでの仏教を「上座部《じょうざぶ》（小乗《しょうじょう》）仏教」と呼ぶようになりました。

こうして原始仏教は堕落しましたが、その代わり「仏像の前で念仏を唱えれば救われる」と教義が単純化《シンプル》されたため布教の障害《ネック》となっていた難解性が失われ、大衆にも受け容れやすくなり、それが仏教を「世界宗教」たらしめる結果となります。

仏教成立後ながらくインド文化圏のみに鎖《とざ》されていた仏教は、こうしてカイバル峠を越え、中央アジアに伝播《でんぱ》し、そこから中国・朝鮮を経て、日本へと伝播することが可能になったのでした。

もし項羽が天下を獲っていたら……

仏教公伝の750年前、もし楚漢《そかん》戦争で項羽が勝利し、天下を獲ったのが漢ではなく楚だったとしたら、その後の歴史はどのように展開したでしょうか。

あの不敗将軍の項羽が天下を獲っていたなら、軍神のごとき項羽が匈奴との戦いに敗れるなど考えにくく、白登山の悲劇はなかったことでしょう。

もし生きていれば項羽はこのときまだ32歳。

劉邦と同じ歳まで生きたとすると、少なくともあと30年は匈奴も中国に手を出せなくなっていたに違いありません。

そうなれば、匈奴は中国から歳幣を得ることができず、中央アジアの進出もなくなり、そうなれば、中央アジアも平穏、諸民族の民族移動も起こりません。そうなれば、クシャーナ朝が北インドを征服することもなく、クシャーナ朝なくして大乗仏教の成立もあり得ません。

大乗仏教の成立なくば、その先何百年の時を経ようとも仏教はカイバル峠を越えられず、いつまでもインド人だけの難解な「民族宗教」として細々とその命脈を保ったに違いありません。

そうなれば、日本に「仏教公伝」もなかったことになり、その後の日本はまったく違った歴史を歩むことになったでしょう。

クラカタウ火山爆発！

ところで、崇仏論争のとき、蘇我氏が仏を祀るたびに疫病が流行し、これを理由に物部氏が仏像破壊に走ったら走ったで、また疫病が流行するということを繰り返し、それが事態を混迷化させる一因ともなったことはすでに触れました（45ページ）。

では、この時期どうしてこれほどたびたび疫病が発生したのでしょうか。

その理由は定かではありませんが、やはり「世界史的観点」から見たとき、ひとつ興味深い事実が浮かび上がってきます。

このころの世界を見渡してみると、

・中国は、ただでさえ「南北朝時代《なんぼくちょう》」という分裂時代だったのに、さらなる混迷をきわめて王朝は四分五裂※19していき、

・モンゴルから中央アジアでは、柔然《じゅうぜん》が弱体化して突厥《とっけつ》に代わり、

・中東から東欧では、ペストが大流行して大混乱に陥り、

・西欧では、破竹の勢いで勢力を拡大していたフランク王国が急速に衰えて社会混乱に突入しています。

この時代は日本だけでなく、世界的に政治的な混乱と疫病の流行が頻発した混迷の時代だったことがわかります。

さすれば、この時期の日本における政治的混乱も度重なる疫病も、こうした世界的な流れの一環だったのかもしれません。

では、何が原因でそうした世界的な潮流が生まれたのでしょうか。

じつはちょうどこのころ、ジャワ島とスマトラ島の間にあるクラカタウ火山が大噴火

（535年）を起こしています。

火山噴火により、膨大《ぼうだい》な火山灰が大気中に撒《ま》き散らされ、地球規模で暗雲が拡がって太陽光線を遮り、世界各地を異常気象が襲ったことでしょう。

それが世界的な社会混乱や疫病の頻発を促したことは想像に難くありません。

日本史も世界史の中のひとつ

このように、この世に存在するものはすべて単独で存在しているものはひとつもなく、多かれ少なかれかならず周りの存在と関わりを持って存在しています。

日本は四方を海に隔てられていたため、古来、比較的外国との接触は少ない方だったとはいえ、日本史も日本の中だけで動いてきたのではなく、つねに「世界」の動きに影響を受けつづけてきたことがわかります。

日本など、「〝世界〟という名の大海に浮かぶ一艘《そう》の小船」のようなもので、ひとたび海

※19　それまで北の北魏《ほくぎ》と南の梁《りょう》が天下を二分していましたが、このころ、北が北斉《ほくせい》と北周《ほくしゅう》に、南が西梁《さいりょう》と陳《ちん》に分解している。こうして弱体化した王朝を呑み込んで久方ぶりに天下を統一したのが隋《ずい》。

が荒れれば恣《ほしいまま》に翻弄《ほんろう》されます。

したがって、日本史を本当に理解するためには、世界史も学ばなければなりませんが、これは「歴史」だけではなく「人」とて同じです。

時折「自分は誰の助けも借りずひとりで生きてきた」ような気持ちになっている方も見受けられますが、誰しもかならず周りの人との関わりの中に在り、そしてこれに支えられて生きています。

すべてでひとつ。

それを自覚できず、今の自分の存在がどれほど周りの人の支えで成り立っているかという感謝の心を忘れたとき、あらゆる努力は空回りし、没落が始まります。

奇《く》しくも仏教の教えにこんな言葉があります。

――自利とは利他をいう――

世の成功者は、それぞれ表現は違ってもそろってこの言葉の意味のことを述べていることが、その真実性を示していると言えないでしょうか。

閑話休題

鬼伝説の謎を解く

従来の鬼伝説

「鬼」といえば、現在では、鬼門《きもん》（北東）から現れ、頭には2本の角を持ち、口には牙《きば》が生え、鋭《するど》い爪を生やし、虎の皮の腰布を巻き、突起のある金棒を持った赤い肌の毛深い大男で、村を襲っては掠奪《りやくだつ》を行い、金銀財宝を鬼ヶ島に蓄えてそこに棲んでいる——といったイメージが定着しています。

しかし、「鬼」の語源は「隠《おぬ》」と言われ、もともとこうした定まった形を持たず、「この世のものでない、姿の見えない得体の知れないもの」を指した言葉にすぎませんでした。

すなわち、現代人の感覚で近い概念を探せば、「霊魂」「怨霊《おんりよう》」に近く、おそらく昔の人が、科学知識の浅さから、得体の知れないものを見たり、不思議な体験をしたときに、これを「鬼」で説明しようとしたのだと思われます。

そうした意味では妖怪に近い。

妖怪も日常の不可思議を「妖怪のせい」にして説明しようとしたもので、

・朝起きたら枕が足元にいっていると、妖怪「枕返し」の仕業。
（ホントは寝相が悪いだけ）
・掃除をしていない風呂桶がぬめってくると、妖怪「垢舐《あかな》め」の仕業。
（ホントは雑菌が増殖しただけ）
・子供が川で溺《おぼ》れ死ぬと、妖怪「河童《かっぱ》」の仕業。
（ホントは単に溺れただけ）

ところが、そうした鬼の特徴が、いつの間にやら現代のような「角」「金棒」「赤い肌」「巨大な体軀《たいく》」などという固定観念《ステレオタイプ》で語られるようになって現在に至っていますが、じつのところ、そうしたイメージがいつ生まれたのか、どうしてそのような特徴で語られるようになったのか、その理由については諸説紛々、よくわかっていません。

世界史から読み解く鬼伝説

どうして現在のような「鬼門、角、赤い肌、大男、鬼ヶ島」などというイメージが固まるようになったのか。

すでに見てきたように、学問的にいえば「わかっていない」が正解ですが、本章では、世界史的観点に立って大胆な仮説でこれを推察してみましょう。

ただし今回は、何の歴史学的証拠があるわけでもなく、「肩肘《ひじ》張らず、こういう想像を膨《ふく》らませるのも歴史の楽しみ方のひとつだよ」という程度のものと思って、リラックスして大胆仮説をお楽しみください。

ヴァイキングの活躍

日本という国の原形が生まれたのは、2000年以上前のことでよくわかっていませんが、現在のヨーロッパ諸国——イギリス、フランス、ドイツ、イタリア、デンマーク、スウェーデン、ノルウェー、ロシア、ポーランド、ハンガリー……など――の原形が生まれたのは9世紀と比較的最近のことです。

日本の歴史でいえば、平安時代の初期のころ。

そして、こうしたヨーロッパ成立の動きを触発した歴史的な事件こそが、所謂「ノルマン民族の大移動」です。

当時、スカンジナビア半島南部からユトランド半島にかけてノルマン人[※1]という民族が住んでいましたが、9世紀に入ったころ、彼らは「海賊《ヴァイキング》」としてヨーロッパを荒らし回るようになったのです。

ではなぜ彼らが「海賊《ヴァイキング》」としてヨーロッパを荒らし回るようになったのか？

それは、彼らが住む土地は気温が低く農業には向かなかったため、もともと海洋に出て商業を生業《なりわい》とする者が多かったのですが、これにより造船技術・航海術においてヨーロッパ大陸諸国のそれを大きく凌駕《りょうが》するようになり、こうした軍事技術上の優位に気づいた彼

※1　もともと現在の北欧三国（デンマーク・ノルウェー・スウェーデン）のあたりにはゲルマン人が住んでいましたが、彼らはその後、現在のドイツのあたりへ南下していきます。しかし、現住地から動くことなく留まっていたゲルマン人もおり、彼らのことを9世紀以降「ノルマン人」と呼ぶようになりました。

らは、それを利用して手っ取り早く富を獲得しようとしたから——とも言われていますが、その本当のところは現在に至るまでよくわかっていません。

いずれにせよ、彼らが海賊《ヴァイキング》として暴れ回った結果、ヨーロッパにおける民族配置に激変が起き、ロシア・イギリス・フランス北部・南イタリア各地にノルマン人王朝が多数生まれることになります。

アメリカ大陸の発見

ところでこのとき、現在のノルウェーのあたりに住んでいたノルマン人の一派が西へ西へと船を繰り出し、アイスランドを発見しています。

彼らはそれでも飽き足らず、そのさらに西へと航海し、10世紀にはグリーンランドを発見。

留まるところを知らない彼らは、さらに西へ航海し、11世紀にはついに北米に到達。

これはコロンブスがアメリカ大陸を〝発見〟した500年も前のことです。

なんと彼らは、コロンブスよりずっと先にアメリカ大陸に到達していたのでした。

しかし。

彼らが北米にまで到達したところまではわかっているのですが、その後、彼らはふたたびヨーロッパに戻ることなく消息を絶ってしまいます。

さらに西進していたとすると……

一般的には、北米の風土に馴染《なじ》めず全滅したと見做《みな》されていますが、こんなところまでやってくるほどの冒険心旺盛な海賊《ヴァイキング》ともあろう者がおめおめとくたばるでしょうか。

ここから先はよく言えば「仮説」、悪く言えば「妄想」の類となりますが、もし彼らが全滅したのではなく、そのままさらに西へ西へと進んでいたとしたら！

北極諸島[※2]をすり抜けてさらに北米海岸に沿って西進すれば、まもなくベーリング海峡を発見[※3]したことでしょう。

この海峡をさらに海岸沿いに南下すると、まもなくカムチャツカ半島に辿《たど》りつき、そこからさらに進んだ先にあるのが日本です。

※2　北米大陸の北、グリーンランドの西に位置する諸島。

※3　歴史上、初めてベーリング海峡を〝発見〟したのは1728年ですから、もしこのときノルマン人がこれを通過していたなら、その600年近く前ということになります。

ノルマン人は日本に辿りついていた？

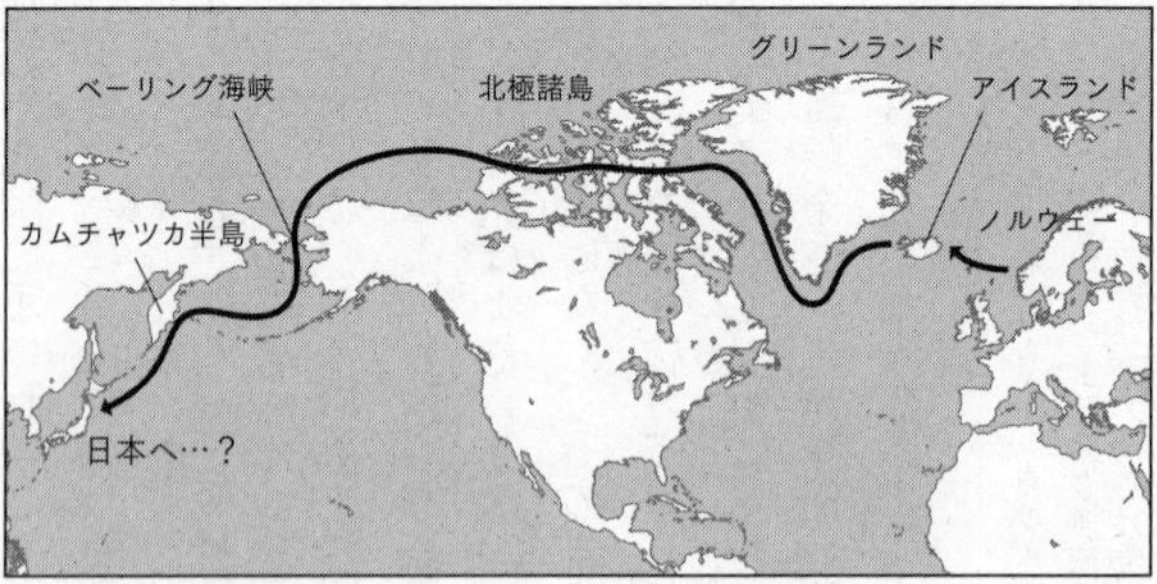

ひょっとしたら彼らは日本に辿りついていたかもしれません。

時期的には12世紀ごろでしょうか。

そのころの日本といえば、平安時代末期から鎌倉《かまくら》時代にかけて、あの牛若丸《うしわかまる》のころです。

そんな時代の日本に、彼ら海賊《ヴァイキング》が姿を現したとしたら、日本人はどう思ったでしょうか。

当時の日本人の身長は成年男性でも150㎝台でしたが、彼らノルマン人は180㎝ほどあるうえ、白人特有の筋肉質な体つき。

これではひ弱な小学生と頑健なプロレスラーほどの体格差がありますから、当時の日本人が彼らを見れば、同じ「人間」とは思えなかったことでしょう。

「東北方面から、突如、海を割って巨大な怪物が現れた！」

きっとそう思ったに違いありません。

このとき、当時の日本人は見たこともないこの〝怪物〟を何という名で呼べばよいでしょうか。

そこで考えられるのが「鬼」です。

そもそも鬼とは、「この世のものでない、姿の見えない得体の知れないもの」を指した言葉で、当時の日本人が得体の知れないものを見たり、不思議な体験をしたときに、それらを「鬼」で説明しようとした、と申し上げました。

日本人は、この見たこともない怪物を「鬼」と呼ぶようになったに違いありません。

しかも彼らは海賊《ヴァイキング》。

方々の海岸を荒らし回って掠奪《りゃくだつ》行為を働いたことでしょうから、ノルマン人が出没するたび、「鬼じゃ〜〜っ！」「鬼が現れたぞぉ〜〜っ！」となったことでしょう。

ところで。

ノルマン人は、掠奪の限りを尽くしたあと、いつまでも船上で生活するわけにもいきませんから、どこかに上陸して根城を構築したいところですが、さりとて本土に上陸したのでは、いつ何時、現地民（日本人）から夜襲をかけられるか知れません。

そこで適当な無人島を探し、そこを根城にしたことでしょう。

すると、海賊《ヴァイキング》の根城となった島を、当時の日本人はこう呼んだに違いありません。

――鬼ヶ島――

こうして徐々に「鬼」のイメージがノルマン人の特徴とともに固定化したと仮定すると、いろいろと合点がいくことがあります。

①鬼は「鬼門」からやってくる。
鬼門とは艮《うしとら》の方角ですから東北方面です。

もしノルマン人が西廻りで日本に到達したとすると、カムチャツカ半島から日本にやってきたことになりますが、これは日本から見て東北です。

②鬼は「鬼ヶ島」に棲み、そこには掠奪品の金銀財宝がある。
彼らが海からやってきて、海賊行為を働いたことを示唆《しさ》しています。

③巨大な体軀、筋肉質、赤い肌、体毛が濃い。
ことごとくノルマン人の身体的特徴を示しています。

彼らは「白人」と呼ばれますが、実際には、白というよりピンクがかっており、当時の日本人が見れば「赤」と表現したことでしょう。

④角が生え、突起の付いた金棒を武器とする。

海賊《ヴァイキング》たちは通常、柄の長い戦斧《バトルアックス》を使用していましたが、当時の日本にはこうした武器はなかったため、彼らの身近な武器で似たものにすり替えて説明されたということは容易に想像できます。

また、角というのは彼らがかぶっていた兜《かぶと》の突起物※4を見て、角が生えていると勘違いしたのかもしれません。

⑤口には牙、指には鋭い爪。

このあたりは「恐ろしい存在」ということを強調するための誇張でしょう。

のちに日本にペリーが来航して、日本人が彼の似顔絵を描くと、恐ろしげな「鬼」のような形相《ぎょうそう》にしていますが、それと同じと思われます。

※4　ただし、現時点ではヴァイキングの遺跡から角の生えた兜は見つかっていません。
しかしながら、現在発見されていないからといって、存在しなかったとも言いきれません。

先入観ひとつで鬼は天狗《てんぐ》にもなる

たびたび鬼ヶ島から「鬼」が上陸しては掠奪《りゃくだつ》行為を行ったとなれば、日本人もこれに対処しなければなりませんから、ほどなく討伐隊が結成されたことでしょう。

それが「鬼退治」と表現され、その討伐隊長の名が「桃太郎《ももたろう》」だった[※5]――なんて想像してみても興味深い。

お供の猿・キジ・犬というのは、艮《うしとら》の方角からやってくる鬼に対抗して、その反対の方角にある「申《さる》」「酉《とり》」「戌《いぬ》」としたにすぎないのでしょうが。

ところで、討伐されたノルマン人の残党が命からがら山に逃れ、そこに隠れ住むなどということもあったでしょう。

それを山に入った日本人が見かけたら、何と叫んだでしょうか。

赤い顔、高い鼻。

「て、天狗様じゃーーーっ‼」

天狗はもともと「流れ星」のことでしたが、平安時代のころ突然イメージが変わって現代の「赤い顔」「高い鼻」というイメージが固まっていきました。

そういえば、このころの日本は牛若丸の生きた時代ですが、牛若丸は幼少のみぎり、烏《からす》天狗に剣術を教わったとか。

ひょっとしたら、牛若丸の剣術の師匠はノルマン人？

同じノルマン人でも、彼らを海で見れば「鬼」、山で見れば「天狗」。

同じものを見ても、見る場所の違いで印象も変わり、違うものに見えるというのは意味深です。

いかがでしたか、鬼＝ノルマン人説。

きちんと歴史的考証を以て探っていくのも歴史の楽しさですが、肩肘張らず、こんな感じで気楽に想像を膨らませていくことも歴史の楽しさのひとつです。

というわけで、本章は「歴史と戯《たわむ》れる」ことが主眼ですので、軽く聞き流してくださいませ。

※5　もっとも、古事記《こじき》の中に「黄泉《よみ》の国で鬼に追われた伊邪那岐が桃の実を投げてこれを撃退した」というくだりがありますので、そこから取った名前だと思われますが。

[第3章]

室町時代末期

戦国の動乱は地球規模の動きだった？

従来の日本史観

足利尊氏《あしかがたかうじ》が室町《むろまち》幕府を開府※1（1336年）してより100年。「金閣寺（鹿苑《ろくおん》寺）」を建てたことで有名な第3代将軍義満《よしみつ》（位1368〜94年）のころには、天皇の地位をも狙《ねら》ったと噂《うわさ》されるほどの権勢を誇ったものの、彼の死後は急速に衰えていくことになります。

早くも第4代義持《よしもち》（位1394〜1423年）の晩年には幕府の体制は揺らぎ、凶作・飢《き》饉《きん》が相次ぎ、このため京には飢えた流民が流入し、「徳政《とくせい》」を叫ぶ土一揆《つちいっき》が襲い、京は掠《りゃく》奪《だつ》・放火・殺戮《さつりく》の温床となっていきました。

そして、「銀閣寺（慈照《じしょう》寺）」を建てたことで有名な第8代将軍義政《よしまさ》（位1449〜73年）のころになると、長禄《ちょうろく》・寛正《かんしょう》の大飢饉（1459〜61年）が発生、京都だけで8万を超える死者を出す大惨事となり、全国的な被害ともなるともはや多すぎて不明、日本史上でも屈指の大飢饉が起こります。

こんなときこそ幕府の結束と将軍の指導力が求められるのに、当の将軍義政は「我関せず」で御所を大改装と自分の贅沢《ぜいたく》に夢中という有様。

それどころか、将軍義政の優柔不断が原因で、嫡男義尚《ちゃくなんよしひさ》と弟の義視《よしみ》の跡目争いまで引き起こし、いよいよ以て幕府の統制は弛緩《しかん》していきました。

洋の東西と古今を問わず、いつの世もお家騒動が起きればそれぞれの候補を推す勢力同士が対立し、内乱へと発展するのは世の習わし。

このときも義視の後見人・管領[※2]細川勝元《ほそかわかつもと》と、義尚の後見人・四職[※3]山名宗全《やまなそうぜん》が武力衝突を引き起こし、ついに東軍（細川勢16万）と西軍[※4]（山名勢11万）が入り乱れて相争う「応仁《おうにん》の乱（1467～77年）」へと発展していくことになりました。

これは天下分け目の「関ヶ原」よりもはるかに動員兵力が多く、11年にもわたって天下

※1　歴代将軍の邸宅「花の御所」の正門が室町通りに面していたことからこう呼ばれるように。ちなみに「花の御所」は現在の京都御苑の北西角のところにある。

※2　将軍を輔佐し幕政を統括する役職。幕府ナンバー2。

※3　赤松《あかまつ》氏・一色《いっしき》氏・京極《きょうごく》氏とともに侍所《さむらいどころ》の頭人《とうにん》（軍事警察の長官）を輩出する家柄。

※4　このとき西軍が陣を張ったあたりは今でも「西陣《にしじん》」と呼ばれている。

を揺るがし、戦乱はたちまち全国に波及していった結果、これが100年つづく戦国時代の濫觴《らんしょう》となっていったのでした。

世界史から読み解く日本史観

このように「戦国時代の到来」を日本国内のみの情勢から考察したとき、

・開府から１００年経ち、室町幕府の統制力が弛緩していたこと
・15世紀前半から相次ぐ凶作・飢饉
・将軍義政の優柔不断と無能
・そこから発展した「お家騒動（応仁の乱）」

……という観点から説明されることが多い。

もちろんそれは〝真実の一端〟は示しており、誤りとまでは言えませんが、それだけでは説明がつかないことが多く、その〝本質〟を示しているとは言えません。

戦国時代といえば、数千年の歴史を誇る日本史上でも類を見ないほどの長い動乱時代です。

もし本当に戦国時代の原因が「お家騒動」ならば、説明できないことがあります。

それは、「お家騒動」など日本の歴史において他に掃いて捨てるほど起こっているのに、なぜこのときのお家騒動（応仁の乱）だけが「100年にもわたる動乱の世の幕開け」となったのか。

それが説明できない限り、「応仁の乱」など単なる〝契機《きっかけ》〟にすぎず、〝真の理由〟は別のところにあるのではないか、と考えられます。

ではその真因は何か。

袋小路に迷い込んで答えが出なくなったときは、一歩引いて全体を俯瞰《ふかん》して見ることが大切です。

点描画は、近づいて見れば見るほど「無規律な点の集合体」にしか見えず、何が描いてあるのかわからなくなりますが、一歩下がって遠目に見れば、たちまち点と点が繋がり美しい絵を紡《つむ》ぎ出すものです。

歴史も、日本史の本質を追究しようとするとき、日本史の中にはその答えが見出せないならば、世界史的観点から考えてみることで新しい光が差すことがあります。

戦国時代の世界情勢

そこで、日本がちょうど戦国時代（15世紀後半～16世紀後半）だったころの世界情勢を同時代史的に俯瞰してみましょう。

［東アジア世界］

このころの東アジア世界は、14世紀後半（1368年）に生まれた明朝《みん》が、15世紀前葉、永楽帝《えいらくてい》の御世《みよ》（位1402～24年）に絶頂期に入っています。

しかし、その栄華は永くつづかず、永楽帝が亡くなったころから急速に衰えを見せ、彼の死からわずか四半世紀後（1449年）には、時の皇帝（英宗正統帝《えいそうせいとうてい》）が〝蛮族〟と蔑《さげす》むモンゴル勢に拉致されるという大失態（土木堡《どぼくほう》の変）を演じるほどに衰えます。

その後もジリ貧がつづき、北はモンゴル、南は倭寇《わこう》の圧迫を受け（北虜南倭《ほくりょなんわ》）て混沌をきわめ、明朝はこのまま潰《つい》えていくのかと思われましたが、16世紀後半、万暦帝《ばんれきてい》の御世（位1572～1620年）に張居正《ちょうきょせい》という大政治家が現れるや、彼は政治・社会・経済にわたる一大改革を実施し、慢性的な赤字財政を黒字財政に復すことに成功。

明朝はここから再興の兆しを見せはじめます。

［中央アジアから西アジア世界］

同じころの中央アジアから西アジア世界では、14世紀後半（1369年）に生まれたチムール帝国が15世紀前葉までにシャー・ルーフ1世（位1409〜47年）の御世、絶頂期に入っていました。

しかし、すでに彼の晩年には帝国は崩壊しはじめ、西に黒羊朝《カラコユンル》・白羊朝《アクコユンル》、北にシェイバニー朝、東にムガール帝国がつぎつぎと独立し、衰亡の一途を辿っていきます。

そしてついにチムール帝国が滅亡（1500年）※5すると、これと入れ替わるように新たに生まれたのがサファヴィー朝（1501〜1736年）です。

建国当初のサファヴィー朝は、西にオスマン帝国、東にシェイバニー朝の圧迫に苦しみ、永い苦難の時代がつづきましたがこれを耐え抜き、16世紀の後葉になると、第5代アッバース1世（位1588〜1629年）の御世に絶頂期を迎えることになりました。

［ヨーロッパ世界］

この地域では、1000年にわたってつづいてきた封建体制が15世紀前半から急速に崩壊しはじめます。

以降、経済体制・政治体制の一大変革の中で動乱が相次ぎ、そこに宗教改革まで絡《から》んで、16世紀後葉に絶対主義が確立するまで収拾つかない混迷をきわめることになりました。

〝混乱〟は世界共通だった！

こうして広く「世界」を俯瞰して見たとき、何か共通点に気づくことはないでしょうか。

じつはこの時期、世界の各地域はタイミングを合わせたかのように、

・14世紀までに一時代を築きあげた国家・体制（室町幕府・明朝初期・チムール帝国・ヨーロッパ封建社会）は、
・ことごとく15世紀前葉までに衰えを見せ、
・以後、1世紀以上の永きにわたって混迷と混乱をきわめる中で「旧」に属するものはことごとく衰え、亡ぼされていき（戦国時代・明朝中期・チムール衰亡期・ヨーロッパ宗教騒

※5　チムール帝国は1470年に本家サマルカンド政権と分家ヘラート政権に分裂したため、本家サマルカンド政権が亡びた1500年を以てチムール帝国滅亡の年とするか、分家ヘラート政権の滅亡した1507年を以てするかは意見が分かれている。

乱）、

・やがて16世紀後半までに「新体制」「新勢力」（織豊《しょくほう》政権・再興明朝・サファヴィー朝・ヨーロッパ絶対主義体制）によってふたたび繁栄期を迎える。

……という歴史を辿っています。

驚くほど、世界は同じ歩調《タイミング》で動いていることがわかります。

こうして、「日本」という小さな枠の中だけで考えたのでは説明がつかなかった「戦国時代の存在理由」が、世界を俯瞰してみることで〝一条の光〟が差してきました。

つまり。

戦国百年の大乱は、このときたまたま起こった「お家騒動（応仁の乱）」が原因で生まれたものではなく、世界的な歴史のうねりの中で必然的に生まれたものだったという可能性です。

世界が一斉に〝戦国〟となった理由

しかし、なぜ日本も含めた世界が一斉に「戦国の世」を迎えたのか、その背景にある〝大きなうねり〟とはいったい何なのかがまだ判然としません。

　そこで今度は歴史学すら飛び越え、地質学・気候学、さらには天文学の研究成果まで裾野を拡げてみたとき、ようやく点と点が線となって繋がってきます。

　じつは、日本の戦国時代にあたる15世紀後半から16世紀後半は、天文学ではちょうど「シュペーラー極小期（1420〜1570年）」と呼ばれる太陽活動が著しく低下した時期と一致します。

　そしてこの極小期（太陽活動の低下）は、一見何の関係もなさそうな気候学の小氷期[※6]（寒冷期）と一致することもわかっているため、戦国時代は小氷期と重なっていることになります。

　普段あまり意識されていませんが、人間の社会・国家・共同体というものは、例外なくその地域の自然環境を大前提（下部構造）として成立します。

　城は石垣（下部構造）が崩壊すれば、その上に建つ天守（上部構造）など一溜まりもなく倒壊するように、国家や社会の下部構造たる自然環境が激変すれば、どんなに強大な国家

※6　地球史最後の氷河期（ヴュルム氷期）以降、現在までの温暖な1万年を「後氷期」と呼び、その後氷期の中でも比較的寒冷な時期を「小氷期（ミニ氷河期）」と呼ぶ。

であろうが、どれほど繁栄した社会であろうがたちまち雲散霧消《うんさんむしょう》します。

この時代、小氷期が到来したことが、世界的規模で自然環境を激変させ、従来の統治システムでは運営できなくなったため「動乱の世」となったと考えれば辻褄が合います。

小氷期が戦国時代を産み落とした

気候の寒冷化によって一番の打撃を受けるのが農業です。

慢性的に不作・凶作がつづき、ひどいときには飢饉となります。※7
こうして食糧と人口のバランスが崩れれば、少ない食糧を奪い合う諍《いさか》いが常態化するようになり、それが昂《こう》じれば戦《いくさ》となり、※8やがて国全体を揺るがす内乱へと発展していくことになります。

応仁の乱は単にその〝契機《きっかけ》〟にすぎなかったのです。

人々は生き残るのに必死となり、戦《いくさ》が常態化して食べていけなくなった農民は「足軽《あしがる》」となって食いつなぎ、武士たちも召し抱えてくれる主君に忠誠を誓い、それまで貴族は貴族、武士は武士、庶民は庶民であったものが、「力ある者」「能力のある者」が出世し、生き残る権利を持つ〝下剋上《げこくじょう》〟の世が現出しました。

慢性的な不作・凶作こそ、戦国時代を支えていたのです。

もし温暖で豊かな時代に「応仁の乱」が起こったとしても、けっして「百年の大乱」の引き金とはならなかったでしょう。

つまり。

「幕府の統制力が弛緩し、将軍が無能無策だったから飢饉が頻発した」のではなく、「寒冷化によって飢饉が頻発したから、幕府の統制力が弛緩した」というように、これまでの理解とは因果が逆になります。

こうして、温暖な気候を前提として成立していた体制（政府・国家・社会）は崩壊していき、新たに寒冷な気候を前提とした新体制へと生まれ変わらなければなりません。

その〝産みの苦しみ〟が戦国時代と言えます。

そうした観点から見たとき、やがて小氷期が収まりふたたび温暖な時代へ向かいはじめ

※7　たとえば当時の日本の史料を紐解くと、室町時代の最初の100年（温暖期）には全国的な飢饉は3回しか起こっていないのに、つぎの100年（小氷期）には11回も起こっています。

※8　当時日本にやってきていたポルトガル人宣教師のL《ルイス》・フロイスは「この国の戦はいつも敵から米や麦を奪うことを目的として起こる」と語っている。

たちょうどそのタイミングで織田信長《おだのぶなが》が現れたことも偶然ではないでしょう。

つまり、彼もまた〝時代の申し子〟であり、もし彼が50年前に生まれていたとしたら、彼の才を以てしても「天下布武《てんかふぶ》」はできなかったに違いありません。

そして未来……

歴史を振り返れば、地球はここ１００万年ほど、人間が呼吸をするが如く、氷河期と間氷期を繰り返してきました。

①ギュンツ氷期→第一間氷期
②ミンデル氷期→第二間氷期
③リス　氷期→第三間氷期
④ヴュルム氷期→後氷期（現代）

そして今、ヴュルム氷期を最後として地球が〝呼吸を止めた〟とは考えられません。

学者が「後氷期（氷河期が終わった後の時代）」と呼んでいる現代は、「間氷期（氷河期と氷河期の間の時代）」にすぎないはずで、将来、ふたたび氷河期がやってくることは間違いないでしょう。

世界中で「温暖化」の危険性が叫ばれている現在ですが、その一方で、研究者の間では「もうすぐ小氷期が」、それどころか「本格的氷河期が到来するのではないか」との懸念が広がっています。

もし、現在の地球に氷河期が、いえ、たとえ小氷期でも襲おうものなら、経済が地球規模となっている現在、どんな大国であろうとも一溜まりもなく崩壊、「戦国時代」など及びもしない、地球上のあらゆるところに累々と餓死者が転がる阿鼻叫喚《あびきょうかん》の地獄絵図となることは想像に難くありません。

こうして日本史を世界史的側面から考察したとき、「戦国時代は〝500年前の遠い昔のこと〟」ではない、我々の目の前に迫った〝現実〟なのかもしれません。

歴史を紐解けば。

洋の東西と古今を問わず、「泰平《たいへい》の世」というのは経済が潤っているときであり、それが破綻したとき「動乱の世」となります。

泰平の世では経済的余裕があるため、社会は愚者も無能も弱者も養ってくれますが、動乱の世が到来した途端、余裕を失った社会は〝間引き〟を始め、弱者や愚者から順番にこれを抹殺していきます。

これを生き抜くことができるのは、智慧《ちえ》、行動力、そして運のある者たちだけという厳しい時代へと突入します。

我々は今まさに世界的規模で泰平から動乱へと向かう、その只中にいるのかもしれません。

[第4章]

戦国時代

加藤《かとう》清正《きよまさ》、大谷《おおたに》吉継《よしつぐ》が死んだのはコロンブスのせい?

従来の日本史観

英傑が覇を競い、猛将が干戈《かんか》を交え、軍師がしのぎを削った戦国時代。

その中にはさまざまな人間模様——利害・感情・忠義・駆引が入り交《まじ》じり、その中で多くの武将が志半《なか》ばで倒れていきましたが、そうした武将の生死がその後の歴史に大きな影響を与えることも多々あります。

もし、この武将があのときの危機を乗り越えてもう少し長生きしていたら！

もし、この場面であの武将が散っていたら！

そこで本章では、志半ばで散っていったふたりの武将に焦点《スポットライト》を当てて見ていくことにします。

加藤清正《かとうきよまさ》

加藤清正は、豊臣秀吉より25歳年下の親戚の子で、子供のころ（12歳：以下、カッコ内は加藤清正の年齢）から秀吉に我が子のように育てられ、文字通り、秀吉の〝子飼い〟として、戦《いくさ》のたびに活躍を重ねていきます。

賤ヶ岳《しずがたけ》の活躍で「七本槍」と讃《たた》えられ（22歳）、その後、秀吉が九州平定したことに伴い、熊本城主（27歳）となりました。

その後も豊臣家のために奔走《ほんそう》したものの、秀吉の晩年には「石田三成《いしだみつなり》憎し！」の思いは募る一方、ついに秀吉が薨去《こうきょ》したことを機に、三成と対立していた徳川家康に接近し、豊臣家滅亡の一翼を担ってしまいます。

関ヶ原で石田三成を倒して（39歳）我に返ったか、その後は豊臣家存続に尽力するも、それによって豊臣と徳川との板挟みに逢着《ほうちゃく》し、苦悶《くもん》することに。

険悪化する豊臣と徳川との間を取り持つべく、二条城で秀頼《ひでより》と家康の会見を斡旋《あっせん》し、和解を促すも、会見後の帰国途中で病没（1611年）。享年50。

豊臣と徳川との仲を取り持つ彼が亡くなったことで、両家の間は一気に冷え込み、そのわずか3年後には大坂冬の陣が起こり、翌年の夏の陣で豊臣は滅亡することになりました。

家康が死んだのはその2年後（1616年）でしたから、加藤清正さえ存命であれば、大坂の陣、あるいは豊臣の命運はどうなっていたか。

彼の急死は惜しまれる。

当時、豊臣家を亡ぼす口実を探していた家康にとって、清正は目の上のたんこぶとなっており、あまりに家康に都合のよいタイミングで亡くなったことに、現在に至るまで毒殺説が後を絶ちません。

大谷吉継《おおたによしつぐ》

大谷吉継は、長浜城城主となった秀吉の側小姓《そばごしょう》として仕える（16歳[※1]：以下、カッコ内は大谷吉継の年齢）ようになり、その後、中国攻め（19歳）、九州征伐（29歳）に参戦する。

じつはこの九州征伐の年、大坂城で秀吉主催の茶会が行われたことがありましたが、ここで彼の人生を変える事件が起こりました。

当時すでに彼は病に冒《おか》されており、顔はただれ膿《うみ》が滴《したた》る有様。

とはいえ、茶会を断ることもできず出席していましたが、その際、茶会に招かれた諸将が茶を一口ずつ呑み回すことで諸将の連帯を演出する趣向がありました。

ところが、まさに吉継が茶を呑もうとしたとき、顔面からぽたりと膿が滴り、茶碗の中に落ちてしまう。

一瞬で場の空気は凍り付き、吉継は硬直し、隣に座る小西行長《こにしゆきなが》は戦慄《せんりつ》する。

緊張が張りつめる中、その沈黙を破ってひとりの武将が声を上げる。

「いやあ、喉が渇いてたまらぬ！

もう順番など待ちきれぬでな、済まぬがその茶をくれぬか！」

言うが早いか、吉継の持っていた茶碗を奪うようにして全部呑み干してしまった。

「各々方《おのおのがた》、不調法お許し下され！」

この武将こそ、石田三成。

諸将は、膿の落ちた茶を呑まずに済んで胸をなでおろすと同時に、恥をかかずに済んだ大谷吉継は感激。

このとき「一朝事あるときにはこの者に命を預けてもよい！」と誓ったと言われています。

※１　吉継の生年には諸説あるが、ここでは１５５９年説を採っています。
１５６５年説の場合は６歳ずつ引いて計算してください。

時は下り。

豊臣秀吉が亡くなり（40歳）、つづいて重鎮前田利家《まえだとしいえ》も亡くなる（41歳）と、家康は豊臣を蔑《ないがし》ろにして権勢を振るうようになります。

豊臣恩顧の大名が軒並み徳川になびく中、吉継も時勢に鑑《かんが》みて徳川に接近しましたが、あくまで豊臣に忠誠を誓う三成と家康との対立は決定的となり、それが関ヶ原へと繋がっていくことになりました。

そこで、この直前（42歳）、三成は大谷吉継に頭を下げにいきます。

「私は家康を討つべく兵を挙げるつもりだ。おぬしには是非とも味方になってほしい」

目を瞠《みは》る大谷吉継。

――本気か？

やめておけ。おぬしに勝ち目はないぞ？

「それでもやらねばならぬのだ」

――どうしても、か。

「どうしても、だ」

――ならば、私もおぬしに命を預けようぞ。

吉継は、三成に勝ち目はないと思っていたものの、13年前の茶会の一件もあり、彼に加勢することを決意します。

あの一件がなければ、おそらく彼は三成に加勢することはなかったでしょう。

こうして吉継は関ヶ原に散ることになったのでした。

世界史から読み解く日本史観

乱世においては些細《ささい》なミスや失態で簡単に命を取られてしまうことが多々あったため、その意味では〝命が軽い〟時代だったと言えます。

しかしながら、別の側面から見れば、だからこそ人は限られた命を燃やし尽くそうとしますから、我々の時代なんかよりずっと「生きている実感」が感じられ、その意味では〝命の重い〟時代だったと言えるかもしれません。

そうした〝重くて軽い命〟が交錯する中、数多《あまた》の武将が〝重い命〟故に煌《きら》めき、〝軽い命〟故にあっけなく散っていくことになり、泰平の世にある我々にとってその煌めきが眩《まぶ》しく、またその儚《はかな》さがせつなく、現在でも戦国時代が人気を博するのは、そんなところにあるのかもしれません。

しかし。

己の知力・武力・人脈のすべてを賭《か》けて雌雄を決し、そのうえで敗れて命を散らせたのならまだ本望でしょうが、志半ばで病に倒れて歴史の舞台から強制退場させられたのでは、本人も悔いが残ったでしょうし、歴史を学んでいても「この人がここで病没していなかったら！」と歴史の「if」を思わざるを得ません。

ところで、こうした戦国に猛威をふるった感染症がありました。

それが梅毒です。

感染力はそれほど強いわけではありませんが、潜伏期間が長く、性行為によって感染するため蔓延《まんえん》しやすく、症状も初めは皮膚に赤い斑点《はんてん》ができる程度ですが、やがて症状が進むと顔面崩壊を起こしながら死に至るという恐ろしい病です。

今でこそペニシリンで完治できるためそれほど脅威はありませんが、当時は不治の病。じつは、先に触れた加藤清正や大谷吉継を始めとして、黒田官兵衛《くろだかんべえ》、結城秀康《ゆうきひでやす》、前田利《まえだとし》長《なが》といった錚々《そうそう》たる武将たちも梅毒を患っていたともいわれ[※2]、それどころか、病気の性質上なかなか表面化しないだけで戦国武将の5人に1人は梅毒を患っていたはずだと唱える学者もいるほどです。

※2　症状が似ている「ハンセン病」説もあります。

これほどの猛威をふるった梅毒ですが、意外なことに、戦国以前にはまったく発症例が見つかっていません。

ではいったい梅毒はどこからやってきたのでしょうか。

それはイスラームの勃興《ぼっこう》から始まった

時を戦国時代よりさらに900年ほど遡《さかのぼ》らせた7世紀ごろ。

日本でいえば飛鳥《あすか》時代、盛んに古墳が作られていたころ、西アジアの砂漠の片隅にポツンとある宗教が生まれました。

それが現在も何かと話題の提供に事欠かない「イスラーム」です。

たった4人の信者から始まったイスラームは、瞬《またた》く間にアラビア半島を席巻《せっけん》し、そのわずか100年後には、西は北アフリカからイベリア半島まで、東はイラン高原を突き抜けて中央アジアまで、さらに北はアナトリア半島を抜けて14世紀までにはバルカン半島まで、まさに三大陸を股にかけた広大な領域を呑み込んでいくことになりました。

ところで、東西からイスラームに挟撃される形となった当時のヨーロッパは、ユーラシア大陸の西の辺境にあってたいへん貧しい地域で、人間が文化的生活をするための奢侈《しゃし》品の類はほとんど手に入らず、それらは多くアジアからの輸入に頼っていました。

たとえば、茶・絹織物・陶磁器などの中国物産は中央アジアの絹の道《シルクロード》を通って、香辛料・象牙などの東南アジアやインド物産はアラビア海を走る海の道《セラミックロード》を通って地中海まで運び込まれたあとヨーロッパへと持ち込まれており、この2つの貿易路はヨーロッパにとって〝生命線〟となっていました。

ところが、イスラームが勃興《ぼっこう》したことにより、その生命線が2つともイスラームに押さえられてしまったため、ヨーロッパは以降、イスラームに高い関税を払わされることになり、苦悩が始まります。

大航海時代の誘発

――なんとかして、イスラーム商人の手を経ずにアジア世界との直接交易の道が開けないものか！

しかしこうした想いはあっても、まだ中世にあってはそれを実現させる術《すべ》がありませんでした。

ところが15世紀にはいると、造船技術・航海技術の発達、羅針盤《らしんばん》の登場、科学知識の浸

大航海時代の航路

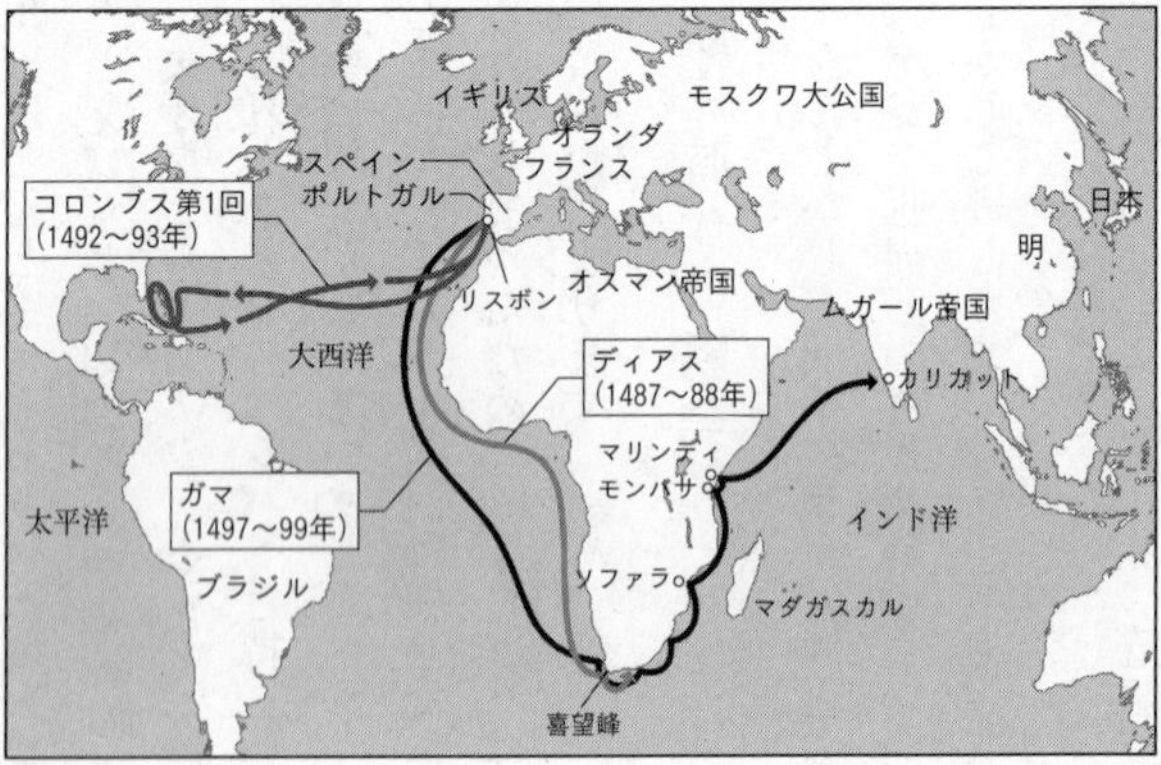

透など、これらを実現させる一定の条件が出揃い、それが「大航海時代」となって実を結ぶことになります。

その先陣を切ったのがポルトガル。

ポルトガルはヨーロッパのどこよりも早く絶対主義を確立することができ、対外膨張の基盤が生まれたのに、地理的にはヨーロッパの最西端にあって北と東はスペイン、南と西は大洋に挟まれて、海に出るしか発展性がなかったためです。

ではなぜポルトガルがいち早く絶対主義を確立できたのかと言えば、イベリア半島に侵寇してきたイスラームを掃討するために国を挙げて戦った「レコンキスタ」の結果でしたから、いわば「隆盛するイスラームが辺境の地にポルトガルを産み落とし、そのポルトガルによってイスラーム衰退の契機《きっかけ》が作られた」ことになるわけで、「我が子に寝首をかかれる」ような皮肉さもあります。

兎《と》にも角《かく》にも、ポルトガルがアフリカ廻り航路でインドを目指すと、「遅れまじ！」とスペインも大航海に乗り出そうとしますが、すでに先鞭《せんべん》を付けられたアフリカ廻り航路を辿ったのでは旨味がありません。

思案していたところに声をかけてきたのがジェノヴァ出身のコロンブスでした。

彼は「西廻り航路」を辿れば、ポルトガルの「アフリカ廻り航路」よりも早くインドに到達できるとスペイン女王イサベルを説得し、西廻り航路でインドを目指します。

ところが。

コロンブスが持っていた世界地図にはアメリカ大陸が載っておらず、実際の地球よりかなり小さく見積もってあったため、もしアメリカ大陸が存在していなかったら、彼らが乗り込んだ中古のキャラック船※3「サンタマリア号」※4では到底乗り越えられる距離ではなく、

※3　古代を代表するガレー船、近世を代表するガレオン船の過渡期にあった船種。
※4　全長30m程度、総トン数100t程度（推定）という小船だった。

彼が歴史に名を刻むことはなかったことでしょう。

しかし、彼にとって運がよかったことは、大西洋と太平洋の真ん中にどかんとアメリカ大陸が立ち塞がっていたことでした。

これにより彼は凱旋《がいせん》することができましたが、ここからさまざまな不幸・悲劇が撒き散らされていくことになります。

バイオハザード発生

それまでまったく接触がなかった文化圏と文化圏が接触することになれば、それは社会・経済・政治・文化、ありとあらゆる分野の激震となって歴史を揺さぶることになりますが、もっと深刻なものとして風土病問題があります。

1953年、ソ連が初めて水爆実験を行った年、『宇宙戦争』というハリウッド映画が封切られたことがありました。

――突如、宇宙船に乗った火星人が地球侵略を開始！

地球側の必死の反撃はことごとく通用せず、最後には人類の最終兵器・原爆まで投入されたにもかかわらず、宇宙船は無傷。

絶望に打ちひしがれる地球人を前に、宇宙船は我がもの顔に破壊の限りを尽くしていったものの、不意につぎつぎと墜落しはじめる。

じつは、抗体を持っている地球人にとっては何でもない病原体に冒され、免疫を持たない火星人は病に倒れて全滅したのであった。

これはまさに、このときのコロンブス（火星人）とインディアン（地球人）の構図を彷彿《ほうふつ》とさせます。

もともと、梅毒というものはアメリカ大陸にのみ存在していた風土病でした。[※5]

地理的に、アメリカ大陸は旧大陸（ユーラシア・アフリカ大陸）から東西を大洋によって隔てられ、南北の海峡[※6]は氷に鎖されて孤立、旧世界と新世界の交流はありませんでしたから、永らくアメリカに閉じ込めることができていたのです。

ところが、コロンブスがこれを切り拓き、アメリカに上陸した彼らが現地民《インディアン》の女性を犯しまくったことで梅毒に感染、これがヨーロッパに持ち込まれて猛威をふるったのですか

※５　旧大陸（ユーラシア・アフリカ両大陸）にも存在していたという説もありますが、証拠に乏しく異端的。
※６　北はベーリング海峡、南はドレーク海峡。ちなみに、梅毒は大西洋を渡ってヨーロッパから入ってきたのではなく、ベーリング海峡をわたってアジアから入ってきたと唱える学者もいる。

ら、まさに『宇宙戦争』の火星人と同じしっぺ返しを受けたことになります。

日本激震

しかし、その代償を支払ったのは、ヨーロッパ人だけではありませんでした。

コロンブスが新大陸を発見したのが１４９２年。

それがヨーロッパからインド・中国を経て、地球を2／3周して、日本で初めて梅毒の症例が確認されたのが１５１２年。※7
なんと、その間わずか20年！

種子島《たねがしま》に火縄銃が伝わったのが１５４３年と言われていますから、それよりも30年以上も早い！

梅毒は空気感染でも接触感染でもなく粘膜感染（性交感染）で、しかもけっして伝染力の高い方ではないにもかかわらずこのスピードは、ヘンなところで「人類皆兄弟」を実感させられてしまいますが、こうして梅毒は日本で猛威をふるうこととなり、多くの戦国武将を苦しめ、その命をも奪うことになったのでした。

もしあのとき、加藤清正がもう少し長生きしていたら！

大谷吉継が罹患《りかん》していなかったら！

その他、黒田官兵衛、結城秀康、前田利長、その他の武将たちの運命が変わり、歴史は大きく変わったかもしれないという思いは拭《ぬぐ》いきれませんが、それもこれも、因果を辿っていけば、日本とは何も関係がない地球の裏側でイスラームが生まれたことに起因するとなれば、なんという歴史のいたずらでしょうか。

しかしながら、「では、そのイスラームがなぜ生まれたのか」という原因も延々と遡ることができますから、実際のところはキリがないのですが。

※7　戦国時代の前期。応仁の乱の45年後、織田信長が生まれる22年前。

[第5章]

宣教師の来日

彼らがやってきた本当の目的とは

従来の日本史観

戦国時代後期。

そのころの日本には、イエズス会宣教師Ｆ《フランシスコ》・シャヴィエルをその嚆矢《こうし》として、ぞくぞくと宣教師たちが来日するようになっていました。

彼らは宗教的熱意に燃え、艱難《かんなん》辛苦を乗り越えて、命の危険も顧みず地球の裏側からはるばる日本までやってきて、この異郷の地でキリスト教布教のために力を注ぎます。

ポルトガル商人が乗り合わせた中国船《ジャンク》が台風により難破し、たまたま種子島に漂着したことで「日本《ジパング》発見！」となったのが１５４３年（一説に１５４２年）、彼が来日したのはそれからわずか6年後（１５４９年）のことでしたから、如何に対応が早いかがわかります。

キリシタン勢力伸長

以来、Ｃ《コスメデ》・トーレス、Ｆ《フランシスコ》・カブラル、Ｇ《ガスパル》・ヴィレラ、Ｌ《ルイスデ》・アルメイダ、Ａ《アレッサンドロ》・ヴァリニヤーノ、そしてＬ《ルイス》・フロイスなどなど、ぞくぞくと宣教師が来日するようになり、彼らは布教活動に邁進《まいしん》していきます。

宣教師たちは布教を円滑に進めるため、まずその国の支配者に認めてもらう働きかけを行うのが常套《じょうとう》でしたが、そうした点においてはフロイスの功績はめざましく、63年に来日するや、65年には将軍足利義輝《よしてる》に謁見《えっけん》を果たし、さらには織田信長が上洛してくると、彼に接近して布教の許可を得ることに成功しています。

信長がキリスト教の布教を認めたのは信心からではなかったとはいえ[※1]、こうした彼らのたゆまぬ努力の結果、各地にキリスト教系の学校[※2]・病院・老人院・孤児院[※3]などが建設され、それらを通して布教活動が行われ、着実に信者を増やしていきました。

そこでは「神はひとつ」「信ずる者は救われる」「神を前にして人は皆平等」を始めとして、「男女平等」「一夫一婦制」など、それまでの日本にはなかった思想が説かれ、キリスト教の教えに共鳴する者は急速に増えていき、初めてシャヴィエルが来日してからわずか

※１　当時一向一揆など仏教信徒の反抗に手を焼いていたため、また彼らの技術力の利用を考えていたため。
※２　初等科学校が「セミナリヨ」、高等科が「コレジオ」、イエズス会士養成学校が「ノヴィシャード」。
※３　ポルトガル語で「慈善」という意味の「ミゼリコルディア」。

30余年にして、キリシタンの数は15万人に達したともいわれるほどの勢力を誇るようになります。[※4]

また数ばかりでなく信者の層も偏ることなく、身分的には下は下層民から上は大名まで、性別や年齢の区別もなく広範に浸透していきました。[※5]

キリシタン受難

しかし。

急速に勢力を拡大したということは、既存勢力から危機意識を持たれるということも意味します。

キリシタンを保護していた織田信長が本能寺に散るや、わずかその5年後（天正15年）には秀吉によって「伴天連《バテレン》追放令」が出されたのを皮切りに、やがて秀吉の御世から家康の御世へと時代が下るにつれ、じわじわとキリシタンに対する締め付けが厳しくなっていきます。

それまでキリシタンに対して寛容な態度で臨んでいた秀吉が、なぜ突然「伴天連《バテレン》追放令」を発したのか、その理由は定かではありませんが、そのタイミングが九州征伐の直後だったところから、ひとつには天下統一を確信した秀吉にとってキリシタンの利用価値は薄れ、それどころか「平等」「主君への忠誠より神への信仰重視」を説く教えは統治に支障を来《きた》すだけでなく、彼らの急速な勢力拡大に対する脅威、さらにはその結束力が〝第二の一向一揆衆〟になりかねないと懸念するようになったためではないか、と推察されています。

島原の乱

日に日に厳しくなる抑圧の中、江戸時代の初期にはついに「島原の乱」が勃発。

小西行長《こにしゆきなが》の家臣だった益田好次《ますだよしつぐ》の子が「天草四郎時貞《あまくさしろうときさだ》」を名乗り、彼を首領として一揆を起こしたのがきっかけでした。

叛徒3万7000は島原半島の原《はら》城に立て籠《こ》もり徹底抗戦の構えを見せたため、幕府は関ヶ原のときよりも多い12万の軍勢でこれを攻め立てたものの、幕府軍総大将の板倉重昌《いたくらしげまさ》

※4　本能寺《ほんのう》の変があった天正10年（1582）ごろの統計。
※5　所謂「キリシタン大名」。有名どころでは大友宗麟《おおともそうりん》、小西行長、蒲生氏郷《がもううじさと》、高山右近《たかやまうこん》、黒田官兵衛など。

は討死するなど苦戦を強いられます。

とはいえ、援軍の期待できない籠城《ろうじょう》に最終的勝利はあり得ません。

そこで、彼らは籠城して戦《いくさ》をなるべく長引かせることで全国のキリシタンが連鎖的に蜂《ほう》起《き》してくれること、また同じキリスト教徒としてポルトガルの援軍が来ることを期待していたとも言われています。

しかし、ついに連鎖蜂起もポルトガルの援軍も来なかったどころか、同じキリスト教徒として味方だと思っていたオランダ艦隊まで幕府側に付いて艦隊砲撃を始めたことは、叛徒に大きなショックとなりました。※6

籠城3ヶ月、幕府軍も甚大な被害を被りながらもこれを全滅させると、幕府はこれを契機として態度を硬化させ、迫害・弾圧がより一層厳しくなっていき、以後、キリシタン受難の時代は200年以上にわたってつづくことになります。

※6　同じキリスト教国といっても、ポルトガルは旧教、オランダは新教。しかも当時、ポルトガルとオランダは交戦中で、叛乱軍を支持していたポルトガルに対して、オランダは幕府軍支持に回ったとも言われている。

世界史から読み解く日本史観

こうした日本におけるキリスト教布教の歴史もまた、日本史の枠の中だけで見ていたのではなかなか〝真の姿〟が見えてきません。

ここでも世界史的観点から見たとき、それはまったく別の姿を現します。

島原の乱は叛乱軍視点で語られ、さも弾圧した幕府軍が〝悪玉〟のように語られることが多いですが、世界史的視点から見たとき、それはどんな姿を現すのか。

そもそもなぜ宣教師はわざわざ日本くんだりまでやってきたのか。

またやってくることができたのか。

じつはこれらのことを理解するためには、近世に入ってヨーロッパにもたらされた「三大発明」から語らなければなりません。

それは三大発明から始まった

火薬・羅針盤・活版《かっぱん》印刷術――といった所謂《いわゆる》「三大発明」。

それらのものが「ヨーロッパによる発明」だと誤解されがちですが、じつはすべて中国で発明されたものです。

ではなぜ「ヨーロッパによる発明」だという誤解が広まったのでしょうか。

じつは、発明というものは「発明」そのものよりも「実用化」の方が圧倒的に社会・経済への影響力が強いためです。

したがって、発明者より実用化にこぎつけた人の方が有名になってしまうことがよくあります。

たとえばよく勘違いされていますが、「電球」の発明者は有名なエジソンではなく、ジョゼフ・スワンという人物ですが、彼は巷間《こうかん》ほとんど知られていません。

蒸気機関もその発明者はワットではなくセーヴァリですし、機関車はスティーヴンソンではなくトレビシックです。

これと同じで、確かに〝発明〟したのは中国なのですが、これを〝実用化〟レベルまで押し上げたのがヨーロッパ――というわけです。

具体的に見ていきますと、たとえば火薬は、少なくとも唐《とう》の時代には中国で発明されていて、これを利用した兵器として「飛発《ひはつ》」※7が、つぎの宋《そう》代には火槍《かそう》※8が発明されましたが、当時の火薬はまだ精製度が低くて爆発力が弱かったうえ、飛発は構造的に使い勝手が悪く、火槍は殺傷能力に欠けるなど、その使用はきわめて限定的で、戦術を大きく変えるほどの兵器とはなり得ませんでした。

羅針盤も、揺れる土台の上では正しい方位を示さないという致命的欠点があり、凪《なぎ》のときこそ正しい方位を示したものの、船はたいてい揺れているため、その実用性はたいへん乏《とぼ》しいものでした。

活版印刷術も、中国のものは「膠泥《こうでい》※9製」であったため耐久性に乏しく、さらに漢字は文字種が多すぎて活字の制作や写植《しゃしょく》に膨大な手間がかかってしまったため、ほとんど普及することなく、活版印刷という画期的な発明がされたあとも木版印刷が主流だったほどで

※7　現在の銃火器の元祖となった武器。銃というよりは小型の大砲に近い。
※8　ロケット花火のような武器。威嚇に使う程度で殺傷力は弱い。
※9　膠《にかわ》と泥を混ぜ、粘土状にしたものに焼きを入れたもの。製法としては陶器に近い。

す。

つまり、中国ではせっかく〝三大発明〟を手に入れながら、その3つが3つとも活かしきれなかったのです。

三大発明がヨーロッパに「近世」をもたらした

ところが、これがヨーロッパに伝わると、たちまち〝歴史を大きく動かす原動力〟にまで押し上げられます。

まず火器については、中国人の発明した火器（飛発）にさまざまな改良が施され、実戦に耐え得るものに改良した結果、中世の花形だった騎士の優位性が揺らぎ、その基盤たる封建制を揺るがしていく大きな原動力となっていきます。

また、羅針盤もどんなに荒れた海にあってもつねに正しい方位を示すように改良されたことで大洋に乗り出すことが可能となり、それが「大航海時代」という新しい時代を創世する力となっていきました。

そして活版印刷術。

まずヨーロッパ文化圏は文字種が少なかったことが幸いして運用が容易だったこと、さらに活字を「鉛製」とすることで安価と耐久性を兼ね備えた実用性のあるものとしたことで急速に普及していきました。

これにより、中世における〝権威〟であった教会支配が急速に揺らぎはじめます。

じつは中世まで教会は原則（ラテン語以外）聖書翻訳を禁じ、庶民たちが聖書を読めないようにしていました。※10

そうすることで「知」を独占し、教会が行っていた聖書の教えに反する数々の悪行を隠《いん》蔽《ぺい》するためです。

ところが、安価な書物が出回るようになったことで、教会の腐敗を容易に白日の下に曝《さら》すことが可能となり、これが「宗教改革」を支える基盤となったのです。※11

こうして中国で生まれ、ヨーロッパで花開いた「三大発明」は、封建体制の崩壊、大航海時代、宗教改革を中心としてヨーロッパの社会・経済・政治・宗教・文化、あらゆるも

※10　当時、ラテン語の読み書きができる者など大学教授などの知識人くらいのものでした。

※11　これは現代にも通じ、ついこの間まで新聞やテレビなどのマスコミ（教会）が情報を独占し、自分たちにとって都合のよい情報を一方的に垂れ流しつづけてきましたが、インターネット（活版印刷術）の普及により、彼らの情報操作が簡単に曝露《ばくろ》されるようになり、その支配体制が揺らいでいます。

のに衝撃を与え、1000年にわたってつづいてきた「中世」という一時代を終わらせる原動力となり、時代は絶対主義へと移行していったのでした。

小が大を喰らう方法

三大発明の実用化は、社会的には封建制の崩壊を、政治的には絶対主義段階への移行を促し、技術的には大洋へと乗り出すことが可能になったことで、以降、ヨーロッパ諸国はAA圏《アジアアフリカ》へと進出することになります。

AA圏の人々を隷属《れいぞく》させ、その国々を植民地とするために。

しかしながら。

一般に「ヨーロッパ大陸」などと大仰《おおぎょう》に呼ばれていますが、地質学的にはユーラシア大陸の西の果てにへばりついた〝半島《ペニンシュラ》〟にすぎず、そこにたくさんの国がひしめき合っている地域です。

日本は〝小さな島国〟と蔑まれて表現されることがありますが、バルト海と黒海を結んだ線《ライン》以西の〝半島《ヨーロッパ》〟において日本より大きな国など、フランスとスペインくらいのもの※12で、そんな小さな国々が、たかが火縄銃を手に入れた程度のことで、あの巨大なアフリカ大陸やアジア大陸を短期間のうちに征服などできるものでしょうか。

教科書レベルでは、さも「先進技術を持ったヨーロッパにとって、時代遅れのアジアを征服するのは容易だった」かのように印象操作されて説明されていますが、少し考えればこんなのはまやかしだとすぐにわかります。

喩えるなら、

――非力な人間が握斧《トマホーク》片手に巨大なマンモスに正面から飛びかかっていくようなもの。いくら〝文明の利器〟を持ったからとて、たかが握斧《トマホーク》ごときで芸のない力押ししたのでは、逆にマンモスに踏み潰されるのがオチです。

これと同じように、たかが火縄銃を手に入れたごときでヨーロッパがＡＡ圏《アジアアフリカ》を呑み込むなど、常識的には不可能です。

※12　ロシア・ウクライナ・スウェーデンは日本より大きいのですが、ロシアとウクライナは以東ですし、スウェーデンはスカンジナビア半島にありますので。

陰湿な侵略の手口

しかし現実問題として、彼らはそれを成し遂げました。

そこには「小が大を喰らう」ための〝巧妙な手口〟が隠されていたからです。

先のマンモスの例で喩えるなら、マンモスを倒すためには、
①まずは、背後から近づいて毒矢を打ち込み、
②つぎに、毒が全身に回るように囃《はや》し立てて走り回らせ、
③やがて体力の消耗と毒の効果で倒れたところを一気に仕留める！
……といった具合に、小が大を倒すためには、それ相応の工夫が必要です。

しかしそこは「さすが狩猟民族！」と言うべきでしょうか、彼らの侵略手段はこうした〝狩猟《かり》の基本〟に則《のっと》った、じつに巧妙なものでした。

彼らは「いきなり軍を派遣して正面から制圧する」というような芸のない力押しなどしません。
①まず、目を付けた地に「軍」ではなく「宣教師」を派遣する。
派遣された宣教師たちは、その地の支配者層にあの手この手で取り入り、無償の病

院・孤児院・学校などを作って奉仕活動《ボランティア》に勤《いそ》しむことで現地の人々の心を摑《つか》み、その地にクリスチャンを増殖させていきます。

②頃合いを見計らって、宣教師が商人を連れてくる。

まもなく宣教師は支配者層の許可を得て商人たちを連れてくるのですが、この商人らは現地の経済・伝統・慣例《しきたり》を無視し、〝協調〟というものを一切考えず、ただただ無制限に自分の儲けのみに腐心した強引な商売をするため、たちまち現地経済は混乱、その地の人々から深い恨みを買うようになります。

③最後に軍事制圧。

こうして現地の人々との軋轢《あつれき》が高まり、商売がやりにくくなってきたとき、彼らは初めてその本性を現し、近代軍を以てこれを一気に亡ぼしにかかります。

そのやり口は、①毒矢を打ち込み、②毒を全身に回らせ弱らせてから、③確実に仕留める、という「狩《かり》」そのもの。

自らの手は汚さない

しかも、彼らが直接軍事力を行使するのは本当に〝最後の手段〟であって、極力自分の手を汚そうとはしません。

——夷を以《い》て夷を制す※13——

「夷（AA圏）」を制するために彼らが最大限に利用した「夷」が、宣教師の努力によりすでに根づいていた現地の信者《ライスクリスチャン》※14たちでした。

キリスト教を盲信している彼らを自分たちの手先として使い、同じ民族同士で殺し合わせ、国力を削いでいきます。

現地の信者《ライスクリスチャン》たちは、自分たちのしでかしていることが「侵略者《インベーダー》に操られて自国と自民族を亡ぼそうとしている売国行為」だとの自覚はまったくなく、むしろ「キリスト教の楽園を築くため」と信じ込まされていますから、それこそ命を賭けて侵略者《インベーダー》らのために戦ってくれます。

こうして、自分たちの手を汚さずに「現地の反抗勢力」と「現地の信者《ライスクリスチャン》」を殺し合わせ、しかもさらに悪どいのは、彼らは自分たちのために命懸けで戦ってくれている現地の信者《ライスクリスチャン》の味方すらしません。

彼らの〝真の目的〟はあくまで「国力を削ぐこと」ですから、内乱は長引いてくれればくれるほどよい。

したがって、「紅《あか》」が敗けそうになればこれを支援し、「白」が敗けそうになればこれを支援し、どちらも勝たないように裏工作に奔走します。

まさに「紅勝て、白勝て」と〝高みの見物〟。

やがて国が荒廃し、抵抗する力を失ったころ、事ここに至って「しまった、我々は踊らされていた！」と気づいたときにはもうすべては手遅れ。

この手口でＡＡ圏の国々は片端から併呑《へいどん》されていくことになります。

ライスクリスチャンの働き

インドでは、イギリス東印《インド》会社※15お抱えの現地人《インド》傭兵《ようへい》部隊「シパーヒー」がライスクリスチャンの役割を果たします。

インドで叛乱が起これば、東印会社はシパーヒーを派遣し、インド人同士で殺し合わせ

※13　『後漢書《ごかんじょ》』の鄧禹《とうう》伝《でん》の言葉。「野蛮人を制圧するのには野蛮人の力を利用するのがよい」の意。
※14　宣教師たちは、その国で食べていけない下層民に食事を与える代わりに改宗を迫ったため、そのように〝食い扶持《ぶち》（米）〟に釣られて信者となった者たちは「ライスクリスチャン」と呼ばれた。
※15　当時、イギリス本国からインド統治の任を与えられていた特権会社。

ます。

叛乱鎮圧に向かったシパーヒーがどれだけ戦死しようが、インド人同士で殺し合っているだけですから東印会社は痛くも痒《かゆ》くもない、全滅したらすぐに増援部隊を送り込むだけです。

こうして各地で戦乱が相次ぎ、国が乱れ、経済が破綻すれば、飢えた者が溢《あふ》れ、彼らはその日1日を食うためにシパーヒーとなって同じインド人を殺しに向かいます。

こうしてあれほど国土も広く豊かだったインドも、あっさりとイギリスに亡ぼされ、隷属することになりました。

中国でも、北清《ほくしん》事変が起こったとき、教科書ではさもあっさりと鎮圧したように書かれていますが、実際には、かなり苦戦させられており、列強は「ライスクリスチャンの密通・協力がなければ敗けていただろう」と嘆息しています。

日本のライスクリスチャン

このように、アフリカでもインドでも中国でも、大量に発生したライスクリスチャンが侵略者の手先となって自国と自民族を亡ぼしていったのです。

彼らの存在なくして、ヨーロッパ人がＡＡ圏を制圧することなど断じてあり得ません。そして、そのライスクリスチャンをせっせと作りあげていった〝元凶〟こそが、最初にやってくる宣教師たちなのです。

こうしてアジア諸国がどのように亡ぼされていったのかを垣間見てから日本を振り返ったとき、日本においてライスクリスチャンの役割を演じたのがキリシタンであり、特に島原の乱の叛徒たちだということが見えてきます。

叛徒たちが画策したとおり、もし本当に全国各地でキリシタンの蜂起が起こり、白人列強の介入を招いて、幕府が崩壊していたとしたら、その後には、彼らが夢想した「キリスト教に基づく理想郷」が生まれたでしょうか。

あり得ないことです。

「理想郷」どころか、確実に他のアジア諸国同様、日本も白人列強の餌食《えじき》となって、ペリーがやってくる前に植民地とされていたことでしょう。

秀吉や家康が、こうした白人列強の侵略の手口にどこまで気づいていたかはわかりませんが、彼らの行ったキリシタン弾圧は結果的にライスクリスチャンの一掃に繋がり、それが日本の植民地化を防ぐ一助となったことは間違いありません。

「島原の乱」が描写・解説されるとき、たいてい〝叛乱軍目線〟で描かれ、幕府軍が如何にひどい仕打をしたか、如何に凄惨な弾圧をしたか、そして如何に叛乱軍が純粋《ピュア》に信仰に殉じたかが強調されるため、「幕府が悪」のように認識している人は多い。

しかしながら、世界史的観点から見れば、彼らのやっていることは紛れもなくムガール帝国や清朝を亡ぼし、自民族を地獄に突き落とした売国奴ライスクリスチャンの動きそのもので、これを取り締まった幕府はきわめてまっとうな〝正当防衛〟にすぎなかったことがわかります。

ただし、勘違いしてほしくないのは「だから、ライスクリスチャンが悪だ」と言っているわけでもないということです。

どちらが悪で、どちらが善でもない。

このことについては、これから追々明らかにしていくことになります。

［第６章］

江戸幕府の滅亡

イギリス宗教弾圧が日本を救った？

従来の日本史観

開幕より２５０年。

永くつづいた泰平は武士を堕落させ、馬にも乗れない、弓も引けない、刀もまともに扱えない武士まで現れるようになり、幕府も慢性的な財政赤字がつづき、全国的に一揆が相次ぎ、その屋台骨も揺らぎはじめていました。

そこに致命打を与えることになったのが、１８５３年、江戸湾（浦賀《うらが》）に現れた黒船です。

たった4隻の黒船が姿を見せただけで幕府は右往左往、時の老中阿部正弘《あべまさひろ》は、朝廷だけならまだしも、外様《とざま》大名や市井《しせい》にまで意見を求めるという為体《ていたらく》で、これは、すでに幕府が統治能力を失っていたことを自ら内外に公言しているようなものでした。

しかし、そのような恥を晒《さら》してまで意見を募ったにもかかわらず、有効な対策も思いつかないまま時だけが過ぎ、翌54年、ふたたびペリーが来航すると、とりあえず「日米和親

ペリー

ハリス

条約」を結び、お茶を濁したつもりの阿部でした。

その条文には、将来「通商条約」を結ぶ際は「両国政府において拠《よ》ん所なき儀が有り候《そうろう》時のみ、模様により〜」[※1]となっていたためです。

ところが翌55年、駐日総領事としてT《タウンゼント》・ハリスが来日し、通商条約の締結を迫ってきました。

突然の来日と要求に、またしても幕府は狼狽《ろうばい》。

じつはこれには事情があり、日米和親条約の英文ではこう書かれていたためです。

「provided that either of the two governments deem such arrangement necessary」

これでは「日米両国のうちどちらか一方が必要と認めた場合」という意味で、和文と内容が違います。

※1　意訳すれば、「日米両国政府が必要と認めた場合にのみ、もう一度改めて話し合いの場が設けられ、様子を見ながら追々……」となる。つまり〝純日本的婉曲《えんきょく》的表現〟で「通商条約を結ぶ気なんてさらさらないよ」という意味。もちろん、こうした表現はアメリカ人には伝わりません。

しかし、そうした事情をハリスは頑として受け容れず、恫喝《どうかつ》してきました。

――これ以上の引き延ばしを講じるなら、私はただちに帰国する。

しかし、つぎにやってくるのは私ではなく軍艦だと覚悟しておくことだな！

ハリスに〝最後通牒《つうちょう》〟を突きつけられ、追い詰められた幕府は、こんなときこそ将軍を筆頭に一致団結して事に当たらねばならないところですが、肝心の将軍家定《いえさだ》は危篤《きとく》状態で廃人同然。

そのため幕閣は早くも次期将軍を巡って「将軍継嗣《けいし》問題」に揺れ、徳川慶福《とくがわよしとみ》（家茂《いえもち》）を推す南紀《なんき》派と徳川慶喜《よしのぶ》を推す一橋《ひとつばし》派が対立。

さらに内には開国派と鎖国派の対立も重なり、通商条約を結ぼうにも朝廷の勅許《ちょっきょ》は下りず、外には倒幕派の暗躍や中国のアロー戦争の動向もあって、幕府はほとんど機能停止状態に陥っていました。

切羽《せっぱ》詰まった井伊《いい》大老は勅許もないまま、58年、独断で通商条約を結んでしまいます。

これが「日米修好通商条約」です。[※2]

しかし、彼の一連の強引な政策は各方面に反発を招き、まもなく「桜田門外の変」（1860年）を引き起こすことになりました。

強力な指導者を失った幕府は「首を断たれた蛇」がごとく、しばらくのたうち回ったあと閑《しず》かな〝死〟を迎えることになります。

桜田門外のあと、佐幕派は「公武合体」※3で生き残りを模索しましたが、もはや時すでに遅し、66年にその家茂が逝去したのを契機に急転直下、まるで岩が坂を転げ落ちるように歴史が動きはじめます。

翌67年には家茂に代わって慶喜が将軍になったものの、その年のうちに大政奉還が行われ、翌68年には王政復古の大号令から江戸城の無血開城へ。

こうして名実ともに幕府は滅亡することになりましたが、それはあのペリー来航からわずか15年後のことでした。

※2　この「世紀の誤訳」が単なるミスだったのか、アメリカ側の策略だったのかは判明していませんが、このような中学英語レベルの誤訳が単なるミスとは考えにくく、おそらくはペリーの陰謀。

※3　時の孝明《こうめい》天皇の妹御・和宮《かずのみや》と、時の将軍・家茂を結婚させることで、倒幕派の矛先を避けようという策。

世界史から読み解く日本史観

幕府は「たった四杯の上喜撰《じょうきせん》」※4を前にして、あっけなく倒れることになったのですが、では、そもそもこの黒船は、なぜ浦賀に姿を現したのでしょうか。

本章では、この点について、世界史的観点から見ていくことにします。

それはイギリス国内の宗教弾圧から始まった

時を遡《さかのぼ》り、まさに徳川家康が征夷大将軍に任官し、江戸に幕府を開いたちょうどその年（1603年）、地球の裏側では、イギリスでジェームズ1世（位1603〜25年）が即位、新王朝（スチュワート朝）が成立していました。

前王朝（テューダー朝）は、その開朝から断絶まで一貫して絶対主義王権の確立に尽力した王朝で、ジェームズ1世の御世《みよ》はその総仕上げの時期に当たります。

彼が絶対主義を確立するに当たって、障害となっていたのが宗教勢力でした。

当時のイギリスの宗教勢力は、凡《おおよ》そ、

・右：旧教徒《カトリック》（スペイン推し）
・中：国教徒《アングリカン》（イギリス王室推し）
・左：新教徒《ピューリタン》

……に分かれていましたが、すでに前王エリザベス1世[※5]の御世にアルマダ海戦[※6]でスペインを破り、旧教徒《カトリック》の後盾を排除することに成功していましたから、残る〝目の上のたんこぶ〟は新教徒《ピューリタン》のみ。

そこで彼の治世において、新教徒《ピューリタン》の大弾圧が始まります。

※4　当時、黒船に対して「泰平の眠りを覚ます上喜撰　たった四杯で夜も眠れず」という狂歌が詠まれた。「上喜撰」とは当時の茶のブランド名で「蒸気船」と掛けている。
※5　前テューダー朝 最後の女王。スペイン国王フェリペ2世の求婚を断る際、「私は国家と結婚した」と言ったことで有名。
※6　エリザベス治世30年目、1588年のこと。アルマダとは「スペイン無敵艦隊」の意。

ピューリタンエクソダス

王の弾圧に堪《たま》りかねた新教徒《ピューリタン》たちは、当時まだ発見されてまもない新天地「アメリカ」を目指し、祖国《イギリス》を棄ててぞくぞくと離国《エクソダス》しはじめました。

これがあの有名な「新教徒離国《ピューリタンエクソダス》」ですが、その中でも特に人口に膾炙《かいしゃ》しているのが「メイフラワー号事件（1620年）」です。

わずか全長30m・排水量180tという、大西洋を渡るには如何にも小ぶりな船に102名もの新教徒《ピューリタン》が乗り込んで北米を目指し、彼らは現在のマサチューセッツ州を中心として植民地を作っていくことになりました。

このような植民が17世紀を通じて盛んに行われた結果、1732年までに北米東海岸に13の州が生まれることになりますが、これがやがて独立戦争を引き起こし、現在のアメリカ合衆国となります。

西漸《せいぜん》運動

こうして北米の東海岸に生まれたアメリカ合衆国は、ほどなく「明白なる天命《マニフエストディスティニー》」を標語《キャッチフレーズ》に掲げ、〝西漸《せいぜん》運動〟を始めます。

――我がヨーロッパ文明はギリシアに産声《うぶごえ》をあげ、その西のローマで開化し、イギリスで栄華をきわめ、今こうして大西洋を越えて北米東海岸に辿りついた！

これまで我が文明の中心は西へ西へと移動していることを思えば、このままさらに西へ進むことこそ、神から与えられた〝明白なる天命《マニフェストディスティニー》〟である！

ツッコミどころ満載のこうした詭弁《きべん》を盾に、インディアンの虐殺・殺戮を正当化し、これを駆逐しながら西へ西へと侵略を進めていきます。

いいえ、被害を被ったのはインディアンだけではありません。

彼らがやってくるまで、北米内陸部はどこまでもつづく広大な草原地帯が拡がり、そこにはバッファローによく似た草食動物のバイソンや、モグラのような生活をするリス科のプレーリードッグなどが数多く棲息し、これらを餌とする肉食動物のオオカミやコヨーテが走り回り、そこにインディアンが慎ましやかに生活をする、まさに〝地上の楽園〟でした。

バイソンは移動生活をしていましたから土が踏み固められることもなく、多少踏み固められてもプレーリードッグがつねに土を掘り返していた（耕作効果）ため軟らかい土が維持され、またプレーリードッグは自分の背丈より高くなった草を刈り取る（芝刈効果）習性があるため[※7]、草原が荒れることもなくまるで人間が手入れしたようなきれいな草原が維持され、これに集まる動物たちのフンが肥料となり……。

こうした自然の絶妙な均衡《バランス》によって草原は何千年何万年と維持されてきていたのです。

ところが、そこに入植してきたアメリカ人はバイソンを無制限に屠殺《とさつ》。

それにより、6000万頭は棲息していたといわれるバイソンの数がたちまち激減、これを餌としていたオオカミやコヨーテは他の草食動物を追いはじめ、たちまち食物連鎖《フードチェーン》の均衡《バランス》が崩れていきます。

また、彼らが経営しはじめた牧草地で飼育していた羊や牛がプレーリードッグの巣穴に足を取られて骨折する事故が起こると、今度は農薬を撒《ま》いてその剿滅《そうめつ》を図ります。

――くそ、プレーリードッグめ、大切な牛を台無しにしやがって！

皆殺しにしてやる！

しかし、プレーリードッグが姿を消せば、毎日牧牛が踏み固める土を一生懸命ほぐしてくれていた者がいなくなり、土はカチカチに固まって草が生えにくくなります。

そのうえプレーリードッグを殺すために散布した大量の農薬は、鳥まで死滅させてしまったため、天敵のいなくなったバッタ・イナゴが大量発生する有様。

こうして豊かだった草原地帯は、たちまち人も動物も棲めない砂嵐の吹きすさぶ荒野と化していきます。

すると、彼らは自分たちが破壊した土地をあっさり棄て、さらに西進して同じことを繰り返す。

こうしてアメリカ中央部は、荒野と砂漠が延々と広がることになっていったのでした。

牧畜から捕鯨《ほげい》へ

このように、北米を文字通り〝食い荒らし〟ながら西漸してきた彼らは、建国から三四半世紀[※8]と経ずして西海岸に到達します。

目の前には圧倒的な大洋が拡がるのみで、彼らの飽くなき西漸運動もついにここで打ち止めか——と思いきや。

※7　プレーリードッグは、歩哨《ほしよう》のように二本足で立って敵を探索する習性があるが、自分より背丈の高い草があたり一面に生えてしまうと、敵の探索に支障が生じるため。
※8　「四半世紀」が25年、「半世紀」が50年、「三四半世紀」が75年。

彼らの際限のない欲望は、大洋ごときに遮《さえぎ》られるものではありませんでした。

じつはアメリカ合衆国はちょうどこのころ、ヨーロッパに追従して産業革命が興《おこ》りつつありました。

産業革命を推進するためにはどうしても大量の機械油が必要となりますが、まだ石油採掘が実用化されていなかった当時、目を付けられたのが鯨油《げいゆ》です。

こうして彼らは、海洋に出て捕鯨に精を出すようになりますが、聖書には「鱗《うろこ》のない魚はこれを食べてはならない」[※9]と神様直々のご命令がありますから、彼らは伝統的に〝鱗の生えていない〟鯨を食べません。[※10]

捕鯨の目的はあくまで油分。

したがって彼らは、鯨を片端から捕獲しては、その脂肪を掻《か》き出して身の部分はすべて棄てる！という暴挙を繰り返します。

本書第1章でも見てまいりましたように、縄文精神と対極にある「目的のためなら自然破壊などモノともしない」彼らの姿勢はここでも健在でした。

大凶は吉に還る

しかしそうなると、当時の航海能力では、あの広大な太平洋を無補給で横断してアメリカに戻るのは困難。

そのための補給基地として目を付けられたのが日本だったのです。

アメリカが西海岸《カリフォルニア》に到達したのが1848年。

ペリー来航は、そのたった5年後です。

もし、17世紀初頭、時のイギリス王（ジェームズ1世）が宗教弾圧をしていなかったら！

イギリス人によるアメリカ建国はずっと遅れていたことでしょう。

いえ、それどころかイギリスがもたもたしているうちに、フランスかオランダあたりがアメリカに植民を進めていたかもしれません。

フランスはインディアン交易を尊重していましたし、オランダは大西洋交易を重視して

※9　「レビ記」第11章9～11節、「申命記」第14章10節より。
しかも神は「神の命令を永久に一言一句変えてはならない（申命記 第4章2節）」と命じています。
※10　ここで「鯨は魚じゃねぇだろ!?」とかツッコんではいけません。

いましたから、そうなれば、「西漸運動」など起きなかったに違いありません。

西漸運動なくして、ペリー来航もまたありません。

しかし。

もしそうなっていたら、日本は安泰だったかといえばそうではありません。

――禍福《かふく》は糾《あざな》える縄の如し。

――大吉は凶に還る。その逆もまた真なり。

もしイギリスの西漸運動が大幅に遅れていたら！

あるいはそもそも西漸運動が起こらなかったら！

アメリカが大洋を乗り越えて日本までやってきて強引に開国を迫るということもなく、さらにそのころの英仏は、19世紀末以降急激に擡頭《たいとう》してきたドイツ帝国の対応に追われ、とても極東にまで手を出す余裕はないころでしたから、鎖国状態の幕藩体制は20世紀初頭までつづいていたかもしれません。

そうなれば、その間隙《かんげき》を縫い、固く鎖《とざ》そうとする日本の門戸を蹴破っていたのは帝政ロシアだった可能性は高い。

そんな状況に陥ったならば、日本は近代化する時間も与えられないままロシアの挑戦を受けることになりますから、日露《にちろ》戦争の勝利などまったくあり得なかったでしょう。戦争に敗れ、ロシアの植民地となり、日本の文化・伝統は破壊され、民族は分断・絶滅の危機にさらされたに違いありません。

これは大袈裟《おおげさ》な話ではなく、現在のウクライナの民族虐殺《ホロドモール》と分断の歴史は、日露戦争に敗れたならば日本が辿ったであろう歴史そのものです。

帝政ロシアは、アメリカ合衆国が成立（１７８３年）する半世紀も前から日本征服を虎《こ》視眈々《したんたん》と狙っていましたが、その力が及ぶのに19世紀末までかかりました。

ロシアがもたもたしているうちに、アメリカがぶっちぎりで西漸してくれたおかげで、ロシアが極東支配を本格化させる30年も前に開国することができ、ロシアに対抗し得る近代化への時間的余裕を作ることができました。

そうしてみると、最初に日本の門戸を叩《たた》いたのがロシアではなくアメリカであったことは、日本にとって本当に僥倖《ぎょうこう》だったと言えますが、その僥倖が成り立つためには、彼らがインディアンを虐殺・掠奪《りゃくだつ》・駆逐し、自然を破壊しながら猛スピードで西進するという、強引にして残忍な西漸運動がなくてはならず、もし彼らが「インディアンと穏便な話し合いをしながら無理せずゆっくり西漸」していたら、いつまで経っても西海岸に到達できず、日本の門戸を叩いたのはロシアだったかもしれません。

日本の幸運は、地球の裏側で「インディアンの悲劇」の上に成り立っているということを噛《か》みしめなければならないのかもしれません。

厳しい倒幕の条件

ところで。

丸い容器に生地《きじ》を入れて焼けば丸いパンができあがり、四角い容器に入れれば四角いパンができるように、組織（パン）もその時代の政治・経済・文化・風土・価値観、その他諸々の社会条件（容器）に合わせて構築されるものです。

不成型なパンができたら商品とならず廃棄されるように、時代に合わない組織は淘汰《とうた》され、時代にぴったり適合《マッチ》した組織が生き残ります。

つまり。

300年も前の古い日本の社会を背景として構築された幕藩体制が、突然開けたまったく新しい時代に対応できるはずがありません。

幕府の立場としては当然、開国後も徳川を頂点とした幕藩体制を維持したまま新しい時代を切り抜けていこうとしますが、それは土台無理なことです。

ひとたび「開国」となった以上、日本が生き残る道はひとつしかありません。それが「一刻も早く幕府を亡ぼして時代に適合《マッチ》した新政府を樹立すること」です。まもなく倒幕運動が起こったのは歴史の必然だったのです。

しかし、その条件はたいへんに厳しい。

260余年つづいた幕藩体制の支配は社会の隅々にまで根を張っており、これを倒すことは尋常なことではありません。

かといって、幕府軍と新政府軍で内乱が泥沼化することは赦《ゆる》されません。西欧列強や武器商人（T《トーマス》・グラバーなど）が日本に内乱を誘発させ、佐幕派と倒幕派の両者に武器を輸出しながら力を拮抗《きっこう》させてわざと内乱を長引かせ、日本を食いモノにしようと虎視眈々狙っていることは明らかだからです。

インドも中国も、皆この手口でやられていったことはすでに見てまいりました。

そうならないためには、「戦わずして無血で倒幕」というのが理想ですが、それはさすがに夢物語[※11]として、せめて列強介入の機《チャンス》も与えないほど短期間のうちに一気呵成《かせい》に倒幕しなければならない。

それができなければ日本の命運は尽きますが、それを実現するのはほとんど不可能にも思えました。

ところが、ここでまた〝神風〟が吹くことになります。

ハリスの陰謀

開国した日本は、さっそくアメリカとの「金銀交換レート」を取り決める必要に迫られました。

このとき交渉に当たったのが、あの有名なT・ハリス《タウンゼント》です。

当時、日本では「小判1枚＝一分銀《いちぶぎん》4枚」で流通していました。

この一分銀はあくまで「名目貨幣[※12]」であり、実際には一分銀4枚に小判1枚分の価値はありませんでしたが、陰謀を巡らせたハリスはそこに目をつけます。

――地金換算すれば、1ドル銀貨1枚と一分銀3枚が同量なのだから、

これを以て交換レートとすべきである！

一見、正当な主張のように聞こえますが、これは落語の『壺算[※13]』まがいの詐欺《さぎ》です。

ハリスは、一分銀が「名目貨幣」であることを知りながら「実物貨幣[※14]」としてむりやり

交換させようというのですから。

そうなれば、日本の財政は、底に大きな穴があいた水瓶のようなもので、莫大な国内の金塊が外国にダダ漏れとなります。

もう少し詳しく説明を加えると、まず――

①1ドル銀貨4枚を日本に持ち込んで一分銀12枚に両替する。
②そうして手に入れた一分銀を小判3枚に両替する。※15
③これを国外に持ち出して地金に潰して売れば、銀貨12枚に早変わり。

※11　誰もが「実現不可能」と考える中、これを大まじめに実現するべく奔走したのは坂本龍馬《さかもとりょうま》くらいのものです。彼には「不可能か可能か以前に日本が生き残る道はこれしかない」という信念がありました。

※12　政府の信用によって額面の価値で流通させる貨幣のこと。現在の日本の貨幣はすべて「名目貨幣」。

※13　舌先三寸の屁理屈で商品（壺）を騙し取ろうとした落語の演目。

※14　実際の地金価値で流通する貨幣のこと。商品貨幣とも呼ばれる。

こうして手に入れた銀貨をふたたび日本に持ち込めば、みるみる資産が膨れあがるという寸法です。

少しわかりにくいかもしれませんので、これを現代で喩えましょう。

たとえば五百円玉は、材料費でいえば50円ほどの価値しかありませんが、それが「額面500円」の価値で市場に流通するのは「名目貨幣」だからです。

ところがそれを認めず、「でも材料費は50¢《セント》※16だろ？　50¢《セント》の価値しかない物には50¢《セント》しか払わんぞ」という理由で、五百円玉を50¢《セント》で両替させることを認めさせたようなものです。そうすればあとは簡単です。

①日本国内に50¢《セント》を持ち込んで五百円玉に両替させる。
②そうして手に入れた五百円玉で金《ゴールド》を購入し、
③これを海外に持ち出して5$《ドル》で売りさばくだけでボロ儲け。

こうしてハリスは〝錬金術〟を手に入れ、自身も自分の給与を注ぎ込んでせっせと両替に奔走し、私腹を肥やしたのです。

幕府弱体化

これをやられた日本はすさまじい物価高騰《ハイパーインフレーション》を引き起こして経済は大混乱、民の生活は困窮するとともに、幕府の財政は一気に破綻に追い込まれ、短期間のうちに足腰立たないほど弱体化していくことになります。

しかし。

たしかに莫大な金塊が海外に垂《た》れ流しになったことは大きな痛手でしたし、外交素人《しろうと》の幕府を手玉に取った詐欺師まがいの汚い手口には、日本人なら誰しも怒りを覚えるところですが、これを一歩下がって別の側面から見てみると、また別の姿が現れてきます。

もう一度、当時の日本が立たされていた状況を思い起こしてみてください。

当時の日本は「幕府を亡ぼさねば、日本そのものが亡びる」という切迫した状況にあり

※15　地金ベースで見たとき、①と③は等価交換ですが、②で「名目貨幣」と「実物貨幣」を交換していますので、ここで3倍の利益を得ています。日本国内なら問題ありませんが、海外に持ち出すなら、一分銀12枚は小判1枚と等価交換しなければならないところです。

※16　説明をわかりやすくするため「1＄＝100円」で計算しています。

ましたが、しかも「短期間のうちに速やかに」「できれば無血で」という至上命令まで帯びていたにもかかわらず、「幕藩体制は依然として盤石で、これを倒すことは並大抵ではない」という現実が立ちはだかっていました。

ほとんど不可能とも思える〝国家存亡の機〟に立たされていましたが、ハリスの陰謀のおかげで幕府が短期間のうちに一気に弱体化してくれたのです。

これにより倒幕派が一気に勢いづくことになりました。

ハリスは日本のためを思ってこんな陰謀を巡らせたのではないでしょう。

純粋に私腹を肥やすためです。

しかし、そうした彼の陰謀が日本を救う一因となったとすれば、なんという皮肉な巡り合わせでしょうか。

大量在庫を抱えたアメリカ

ところで、ちょうど日本が桜田門外の変（１８６０年）ののち、倒幕派と佐幕派が公武合体で揺れに揺れていたころ、アメリカは内乱《シビルウォー》（南北戦争　１８６１〜６５年）に突入し、しばらく日本に構っている余裕がなくなります。

南北戦争は、アメリカ合衆国建国以来今日に至るまで、アメリカが経験したすべての戦争の中でもっとも被害の大きいものでした[※17]から、そうした大戦《おおいくさ》を戦い抜くため、兵器が著しい進歩を見せています。

たとえば、世界で初めて潜水艦が実戦投入されたのもこのときですし、銃身に施条《ライフル》[※18]が切られるようになって飛距離・命中率ともに飛躍的に上がったのもこのころ。他にも大小さまざまな兵器の発明・改良が相次ぎ、またそれ以外にも「初の試み」も数多く行われます。

たとえば銃器の規格統一（部品の互換性）を徹底させて兵器の無駄を最小限にしたのも、機関銃が白人同士の戦いで本格的に使用されたのも、この戦争が初めて[※19]のことでした。

※17　戦死者の数は、あの第二次世界大戦（41万人）よりもはるかに多い62万人。

※18　銃身の内側に彫られた螺旋《らせん》状の溝。これが切られることによって、弾が旋回運動しながら飛ぶため、ジャイロ効果により直進性と飛距離が飛躍的に伸びることになる。

※19　機関銃そのものはかなり古くから発明されていましたが、「卑怯《ひきょう》」「残忍」などという理由から、白人同士の戦争では使用を避けられ、もっぱら有色人種に対してのみに使用されていた。

こうして、足掛け4年にわたって兵器の改良・増産をつづけた結果、戦争が終わったとき、武器商人は造りすぎてしまった大量の新型銃器を在庫に抱えてしまいます。

最新兵器を欲した幕末日本

ちょうど南北戦争《シビルウォー》が行われていたころの日本は、急速に倒幕へと傾いていった激動の時代であり、もしこの不安定な時代にアメリカを始めとする欧米列強に内政干渉でもされれば一溜まりもなかったところでした。

しかし、すでに見てきたように、アメリカは南北戦争《シビルウォー》のために社会経済がガタガタとなり、戦後もしばらく日本に手を出す余裕がなくなります。

こたびの内乱《シビルウォー》は、アメリカ人にとっては悲惨な出来事だったかもしれませんが、時間的猶予《ゆうよ》を与えられることになった日本にとっては僥倖といってよいものとなります。

さらにいえば、ちょうどこのころはイギリス・フランスもアロー戦争後の中国経営に忙殺され、ロシアはロシアで中国だけでなく、中央アジア・バルカン進出に忙殺されて日本どころではなくなっており[※20]、まさに僥倖・天祐《てんゆう》・神助のバーゲンセール。

日本としては、ふたたび列強の侵略の矛先がこちらに向いてしまう前に一気に倒幕を成し遂げてしまわなければなりません。

南北戦争《シビルウォー》終結の前年1864年は、讖緯《しんい》説では甲子革令《かっしかくれい》の年で「変乱が多い」と伝えられますが、池田屋事件や禁門《きんもん》の変が起こったのはまさにこの年。

翌65年には、慶応に改元され、坂本龍馬が亀山社中《かめやましゃちゅう》（のちの海援隊）を結成。

翌66年には、薩長同盟が成立し、将軍家茂が亡くなり、

翌67年には、ついに大政奉還が行われます。

こうした激動の時代においてモノをいうのが最新兵器。

そこで坂本龍馬は、南北戦争の在庫銃火器を〝死の商人〟グラバーから買い付け、これを薩長に流します。

それが翌68年の鳥羽《とば》・伏見《ふしみ》の戦でも大きな戦力となって現れることになったのでした。

※20　喩えるなら、ハイエナ（英仏）がライオン（清朝《しん》）に襲いかかっているすきに逃げおおせることができた満身創痍《そうい》のキジ（日本）といった感じ。

鳥《と》羽《ば》・伏《ふし》見《み》の戦

鳥羽・伏見の戦では、旧幕府軍1万5000に対して、新政府軍はわずかに5000という圧倒的な戦力差で、通常、これほどの戦力差では開戦と同時に総崩れを起こしても不思議ではありません。※21

しかし、蓋を開けてみれば、意外にも新政府軍が善戦、一進一退の戦を繰り広げます。

このときの装備は、両軍ともに上は最新型銃から下は骨董《こっとう》品級までバラバラ、さながら「銃の見本市」の様相を呈していましたが、旧幕府軍の主力であったゲベール銃は、ナポレオン時代（19世紀初頭）の旧式銃で、発火こそ火縄ではなく火打石を使っていたものの、それ以外の性能は火縄銃と大差なく、射程が短い（100m前後）うえ、命中率に至っては狙って当たるというものではなかったため照準器すら付いていないような代物でした。

・旧幕府軍：ゲベール銃（前装式・球形弾・火打石式・ライフリングなし）
・新政府軍：ミニエー銃（前装式・団栗《どんぐり》形弾・雷管《らいかん》式・ライフリングあり）

これに対して、新政府軍の主力は最新式のミニエー銃で、弾込めこそ前装式であったものの、発火・弾形・ライフリングなど、基本設計は現代の銃と同じものが採用されており、命中率も連射性も射程（280m前後）もすべてにおいてゲベール銃とは比べ物になりません。

そのため、新政府軍は旧幕府軍の射程外から撃ってくるし、たとえこちらの射程に入っても命中率が悪すぎて当たらない。

とはいえ、旧幕府軍も数が少ないだけで新型銃を持っていないわけではありませんでし

※21　兵力を自乗したものが「戦力」となります（ランチェスターの第2法則）ので、このときの戦力差は3の自乗で9倍ということになります。これでは通常まともに戦って勝てる戦力差ではありません。

たし、如何《いかん》せんあまりにも兵力差が大きすぎて、新政府軍も銃の性能差のみでこの劣勢をひっくり返すまでには至らず、一進一退という情勢となります。

そうした情勢の中、戦局の決め手となったのは「錦《にしき》の御旗《みはた》」※22でした。

突如、鼓笛隊の軍楽とともに新政府軍が「錦の御旗」を掲げたのです。

錦の御旗が掲げられた以上、新政府軍が「官軍」、旧幕府軍が「賊軍」。

日本において「賊軍」の汚名を着せられたら生きていけません。

これにより旧幕府軍はたちまち戦意を失って総崩れを起こし、総大将の慶喜もその日のうちに大坂城を抜け出して江戸へと遁走《とんそう》してしまいます。

じつは、これだけの圧倒的戦力差を見せつけられたにもかかわらず新政府軍が自信を覗かせていたのは、「錦の御旗」を掲げる準備を進めており、戦《いくさ》そのものには勝つ必要などなく、「錦の御旗」の到着まで持ち堪《こた》えるだけでよかったからでした。

銃の性能差がもつ歴史的意義

たしかに旧幕府軍は大軍を擁していたとはいえ、それが故に軍規は弛《ゆる》みきっていましたし、士気も低く、そのうえ指揮官は近代戦の経験不足——という多くの弱点を抱えていた事実は否めません。

したがって「新政府軍の勝敗の決め手は旧幕府軍の擁していたそれらの弱点にあり、潰《かい》走《そう》のきっかけも〝錦の御旗〟であって、銃の性能差は勝敗に大きな影響力はなかった」という意見も散見されます。

しかしながら、それら弱点を補うに余りある圧倒的な兵力差があり、もし銃の性能差がなければ「錦の御旗」の登場を待たずして開戦とともに新政府軍が潰滅していた可能性は高く、やはり銃の性能差が果たした役割は大きいと言わざるを得ません。

もしこの直前、地球の裏側のアメリカで南北戦争が起こっていなかったら！

そして、戦後、膨大な最新銃の在庫を抱えていなかったら！

このタイミングで新政府側が安価・大量に最新銃器を入手することができなかったはずで、そうなれば、この鳥羽・伏見の戦の勝敗もどう転んでいたかわからず、維新《いしん》の行方も怪しくなってきます。

※22　天皇家の家紋「菊の御紋」があしらわれた軍旗。

強運だった幕末日本

振り返ってみると、日本の「今」があるのは、本当に、奇蹟と偶然とまぐれと幸運と神助と天祐と僥倖《ぎょうこう》が重なった結果だということを実感させられます。

地球の裏側の小さな島国《イギリス》で起こった宗教弾圧から始まった負の連鎖は、水面に広がる波紋のように大西洋を乗り越え、北米大陸ではインディアンに甚大な不幸や悲劇を撒き散らしながら西へ西へと進み、やがて太平洋をも乗り越えて、250年後の日本を揺るがす〝大厄〟となって降りかかりました。

しかし、こうして太平洋側からやってきた〝大厄〟も、日本海側を振り返ったとき、「ロシアに亡ぼされることを防ぐ〝僥倖〟」となったのです。

また、ハリスという一外交官が、おのれの私腹を肥やさんがため、日本に陰謀を巡らせ、それによって日本は一瞬で莫大な金塊を失うことになりましたが、それは裏を返せば、幕府の弱体化によりほんの少し前まで不可能とも思えた「(事実上の)無血倒幕」を実現させる大きな要因となりました。

その後、日本とはまったく関係のないところで勃発した内乱《シビルウォー》が、巡り巡って倒幕を円滑に進める一助となりました。

世界はすべてでひとつ

こうして歴史に鑑みるに、たとえ同じものを視ても、視点を変えるだけで、災厄は僥倖となり、不幸は幸運となります。

失敗があればその先に成功が待っており、困難の先には飛躍があり、世界のどこかで悲劇が生まれれば、かならず別のどこかで幸運が生まれています。

この世に存在するすべての事象は、巡ることはあっても増えることも減じることもありません。※23

これは「世界のすべての存在は全体でひとつ」だと理解するとすべてが腑に落ちます。

この宇宙に存在するすべての存在・事象はお互いに構造的・立体的・組織的・有機的に

※23　これは、海岸に立って潮の満ち引きだけを見れば「海水が増えたり減ったりしている」ように見えても、地球全体で見れば「海水量はつねに一定」という事実に似ています。不幸を嘆いている人は、引潮を見て「海水が減った」と嘆いている人と同じ。海水は減っていないことを知れば、やがて満ちるのを待って動けばよいと理解できます。

相関・連動し合い、何ひとつとして「独立した存在」などなく、お互いに影響し合って存在していて、どこかを押せば、どこかが出っぱり、どこかを引っぱればどこかが凹《へこ》む。

世界は部分的に偏ることはあっても全体ではつねに均衡《バランス》が保たれています。

我々は、時に世の不公平や不均衡を感じ、場合によっては神を呪う言葉が口を衝《つ》いて出てしまうこともありますが、それは、物事を近視眼的・一面的・側面的・部分的にしか見ていないため、そう感じるだけです。

日本の近未来

そうであるならば、たとえ我が身に不幸・不運・災厄・困難が降りかかろうとも嘆くことはありません。

どう視点を変え、どう立ち回れば、それらを幸運に切り替えることができるかを考えればよい。

現在、日本を取り巻く国際情勢もけっしてよいものではありませんが、これとて悲観することもありません。

今、目の前に屹立《きつりつ》する困難・試練こそが、つぎの時代の僥倖となるからです。

もちろん「こうしたことをよく理解し、うまく立ち回れば」の話ですが。

しかしその点も筆者は安心しています。

これまで日本は、資源もない小さな島国にありながら、何度も何度もそうして国家存亡の機を幸運に切り替えて、これを乗り越えてきたのですから。

[第７章]

日韓併合

イギリス産業革命が生んだ悲劇

従来の日本史観

朝鮮に開国を迫る

1868年、鳥羽・伏見で旧政府軍を破り、名実ともに幕府を倒した新政府は、元号を「明治」と改めます[※1]。

江戸城が無血開城したあともまだ1年ほどは東北戦争・箱館《はこだて》戦争と、旧幕府残党との内戦はつづきましたが、そうした国内統一もそこそこ、明治政府は、69年、さっそく朝鮮に使者を派遣して開国を迫ります。

しかし、これがあっさり朝鮮政府に拒絶されるや、日本はただちに強硬策に出、75年には軍艦雲揚《うんよう》を江華島《こうかとう》の湾内奥深くまで出撃させました。

名目はあくまで「測量」、しかしその真の目的は「軍事的威圧」と「挑発」。

これは22年前、日本がペリーにやられたのと同じやり口をそっくりそのまま朝鮮に仕掛けたもので、この挑発に乗って朝鮮が砲撃でもしてくれれば、これを口実にして「開国か、さもなくば開戦か」と迫ればよい。

この見え透いた挑発に朝鮮はまんまと乗り、当時、江華島に設置されていた草芝鎮《チヨジジン》砲台から雲揚を砲撃します。

砲台は旧式で、その砲弾は雲揚にまったく届かなかったものの、これを好機とばかり、日本は戦闘状態に入って砲台のひとつ（永宗鎮《ヨンジヨンジン》）を占領するとともに開国を迫り、晴れて翌76年、日本は「日朝修好条規」を勝ち取ることに成功しました。

日清戦争

日朝修好条規ではその第一款で「自主独立を宣する」旨《むね》が明示されたにもかかわらず、朝鮮は日本の圧力から脱するべく清朝を頼ったため、日本は朝鮮支配権を巡って清朝との対立が避けられないものとなり、ついに日清戦争（1894～95年）へと発展していきま

※1　「明治」は理念上1868年1月25日からですから鳥羽・伏見の戦（1月27～30日）の前ですが、実際に改元《かいげん》詔書《しようしよ》が発布されたのは10月23日で、1月25日（旧暦元旦）にまで遡って明治と呼ぶように定めました。

した。

しかし、当時の清朝は大国ではあったものの近代化に出遅れており、「眠れる獅子」どころか「張り子の虎」。

蓋《ふた》を開けてみれば、まだ開国したばかりの貧乏小国日本に対して、清朝は陸に海に連戦連敗！

翌95年、天津《てんしん》条約が締結され、清朝は朝鮮から一切手を引くことを認めます。

日露戦争

こうして日本は清朝を退けることに成功したものの、今度はこれと入れ替わるようにしてロシアの圧力が厳しくなってきました。

やがてロシアは、清朝で起こった義和団事件のドサクサに満洲を占領、さらに韓国は日本の影響力を排除するためロシアに接近しはじめたため、日本は今度は満洲を巡って日露戦争（1904〜05年）へと突入することになります。

日韓併合

当時、ロシアと日本では雲泥の国力差があり、日本に勝ち目はないように思われていましたが、こうした大方の予想に反して、日本はロシアに対しても海に陸に連戦連勝。

そして、この戦争を通じていよいよ朝鮮の植民地化を本格化させることになります。

日露戦争開戦直後には、第1次日韓協約を結んで外交顧問を押し付け、日露戦争終戦直後には、第2次日韓協約を結んで韓国の外交権を奪い、そして「ハーグ密使事件」の発覚を口実として第3次日韓協約が結ばれ、ついに韓国は日本の保護国となります。

愛国心に燃える安重根《アンジュングン》は、祖国の現状を憂い、すべては伊藤博文の陰謀であるとしてこれを哈爾浜《ハルビン》で暗殺。

すると、日本はこれを口実として、ついに「日韓併合」を強行することになりました。

以降、韓国人が「日帝36年」と呼ぶ、国王・主権・生命・土地・資源・国語・姓名を奪われ（七奪）、搾取《さくしゅ》されつづける〝暗黒時代〟の幕開けとなります。

世界史から読み解く日本史観

こうして上辺だけの歴史を辿っていくと、さも「明治政府は、幕府を倒すやただちに朝鮮に矛先を向け、最初から朝鮮を日本の植民地にするべく策動した」かのように見えます。

しかし、当時の世界情勢を知ったうえで当時の日本の動きを見たとき、歴史はまた別の姿を現します。

どうして日本が朝鮮へ矛先を向けたのか、また向けなければならなかったのか。

その世界史的背景を知らない者に、このことに関して発言する資格はありません。

〝災いの灯〟は遠方より――イギリス産業革命

そもそもの濫觴《らんしょう》は、18世紀後半、イギリスで産業革命が興《おこ》ったことです。

日本では江戸時代後期、〝オットセイ将軍〟の異名を持つ徳川家斉《いえなり》（位1787～183

7）がせっせと子作りに励んでいたころ、地球の裏側ではやがて襲い来る〝日本の災い〟がすでに生まれていたのでした。

産業革命は人類の歴史を劇的に変えることになります。

文明開闢《かいびゃく》以来、18世紀まで人類が利用していた力といえば、ほとんど

・人力（手作業・奴隷など）
・畜力（牛耕・馬車など）
・風力（風車・帆船など）
・水力（水車など）の4つに限られていました。

ところが、産業革命がこれに〝第5の力〟として「熱力（蒸気機関など）」を加えたことで、産業構造が根こそぎ変わることになります。

蒸気機関は、24時間体制でも効率が下がることなく動きつづけることができる産業機械を生み出すことになりましたが、この生産体制を支えるには、鉄・石炭・工業製品など手工業の時代とは比較にならないほどの莫大な輸送量を必要とします。

しかし、それは旧来の輸送手段（馬車や帆船など）ではとても賄《まかな》いきれないため、必要に迫られる形で機関車・蒸気船などが生まれ、運輸革命・交通革命へと発展していきまし

た。

小さな〝灯〟はやがて劫火《ごうか》となり……

そうなれば今度は、爆発的な鉄鋼の需要により製鉄革命が起きます。

こうして、最初に生まれた小さな発明がつぎつぎと連鎖的に新しい発明や改良を巻き起こし、それが「産業革命」として昇華していったのでした。

イギリスは、それから半世紀以上にわたって産業革命を独占したものの、それを他の欧州《ヨーロッパ》諸国が黙って見過ごすわけもなく、19世紀中葉にはフランス・ベルギー・ドイツ・アメリカとつぎつぎ産業革命に突入していったため、徐々にイギリスの地位を脅かすようになっていきます。

こうして他の欧州《ヨーロッパ》諸国も追従しはじめたころ、すでにイギリスの産業革命は成熟し、完成期を迎えていました。

「完成」といえば聞こえはよいですが、見方を変えれば「技術革新も限界が見えてきて、これ以上の飛躍的発展は望めない」ということです。

今回の産業革命は、「大量の水」を使い、「重い石炭」をエネルギー源として「重い鉄」

でできた「出力の低い蒸気機関」を基盤としたものでしたから、いくら改良を繰り返したところで、そこにはどうしても限界がありました。

ひとつの技術体系に限界が見えたとき、それを乗り越える〝新技術〟の登場が希求されるのは必然です。

イギリスが欧州《ヨーロッパ》諸国の追従を振り切るためにはそれを模索するしかありませんが、産業革命に伝統を持っていたが故に、旧《ふる》い産業構造が社会の奥深くまで根を張ってしまっていて、それが新技術や新産業の設備投資を阻《はば》むジレンマに陥ります。

むしろ後進ドイツや新興アメリカの方が、産業革命に出遅れたが故に、最新技術の導入が容易でした。

こうして19世紀後半、イギリスから興った産業革命（第1次）をはるかに凌《しの》ぐ質と規模の「第2次産業革命」は、後進のドイツとアメリカから勃興《ぼっこう》することになります。

第1次産業革命が「石炭をエネルギー源として鉄で作られた蒸気機関」を主軸とする産業の革新だとするなら、第2次は「石油・電気・ガスをエネルギー源として軽金属で作られた内燃機関」を主軸とする産業革新です[※2]。

	第1次	第2次
・エネルギー源	：石炭	→ 石油・電気・ガス
・機械材質	：鉄	→ 軽金属
・機関	：蒸気機関	→ 内燃機関

じつは、「石油」そのものは古くから知られていたのですが、地底深くにある石油を安定供給する採掘技術がありませんでした。

しかし、第1次産業革命のおかげで技術革新が進み、これを安定供給できるまでに採掘技術が高まったため、産業革命への石油利用が考えられるようになります。

一見、「エネルギー源が石炭から石油に変わっただけ」——のようにも見えますが、これが、〝革命〟的激動を世界にもたらすことになります。

まず何と言っても、石油をエネルギー源とすることで内燃機関が作れるようになりました。

内燃機関は、蒸気機関など比較にならないほどの高出力ですから、第1次産業革命がこの先どれほど洗練されようとも、「重い石炭」と「大量の水」を必要とし、「重い鉄」でできた「出力の低い蒸気機関」では、飛行機を生み出すことは不可能です。

しかし、「軽いガソリン」で駆動する「軽金属」でできた「高出力の内燃機関」ならば、これに羽根とプロペラを付ければ自由に空を飛べるようになります。

また陸上でも、蒸気機関ではレールの上を走る機関車を造るのが精一杯ですが、内燃機関ならいちいちレールなど敷かずともどんな悪路もグイグイ走る自動車が作れるようになります。

しかし悪路を走るとなれば、車輪が鉄製では如何にも乗り心地が悪い。

そこでゴムの需要が高まると同時に、石油が安定供給できるようになったことで燃料以外の利用法も発展、これを原料としたアスファルト・プラスティック・ナイロンなどの合成樹脂がつぎつぎと生み出されるようになり、産業革命の重点は軽工業から重化学工業へ

※2　現在の我々の生活がまさに、石油・電気・ガスをエネルギー源として、内燃機関を基盤としていますから、いまだ「第2次産業革命」の影響下にあることがわかります。時折、「第3次」「第4次産業革命」という言葉を耳にすることがありますが、歴史学的な統一見解ではありません。

と発展していくことになったのでした。

帝国主義の劫火は世界を灼《や》き尽くす

こうして、「第1次産業革命」が石油の安定供給を可能として「第2次」を誘発させることになりましたが、ひとたび「第2次」が産声をあげるや、この怪物《リヴァイアサン》※3を誰も止めることができなくなります。

「第1次」ですら、これを勃興させるためには莫大な資本を必要としました。

日本などは開国後、産業革命を興したくとも資金不足で興せず、日清戦争で清朝からの賠償金を充《あ》てるまで待たなければならなかったほどです。

ところが、重化学工業を主体とする「第2次」は、軽工業を主体とする「第1次」など比較にならないほどの莫大な資本を必要としたため、「第1次」の経済を担ってきた産業資本ですら対応できず、こうした時代の要請から「金融資本※4」という新しい資本形態が産み落とされたほど。

彼らは、国家予算レベル（あるいはそれ以上）の資本を右から左に動かして量産体制を整備していくことになりますが、異常に肥大化した量産品は、とても国内で捌《さば》ききれる量《もの》ではありません。

また、こうして産まれた経済を動かしていくためには、潤沢な石油・ゴム・銅・亜鉛・ニッケルなどが必要不可欠になりますが、これらの原料はほとんどヨーロッパでは産出しないものばかりで、金融資本らはその安定した供給先を確保せんと強く望むようになります。

つまり。

ひとたび第2次産業革命に突入した国家は、これを維持するため〝巨大資本の投資先〟〝原料の供給元〟、そして〝製品の販売先〟を狂ったように求めるようになり、AA圏《アジアアフリカ》を「植民地」とするべく政府に強く働きかけるようになります。

それは、あたかも大量発生したイナゴの大群がすべてを喰い尽くしていく姿に似ていま

※3　旧約聖書に登場する海の怪物。天地創造の5日目に神によって創られ、口から炎を吐き、鼻から煙を吹き、あらゆる攻撃を跳ね返す鱗に覆われ、一度暴れ出したら誰にも手が付けられない。ちなみに、17世紀のイギリスの政治学者ホッブスが「国家」をこの怪物に喩えたことで有名。

※4　産業資本（ものづくりを通じて利益を得る企業。SONY・トヨタなど）と銀行資本（カネ貸しの利子で儲ける企業。みずほ銀行・UFJなど）が合体して生まれた新たな資本形態。

す。

こうして第2次産業革命によって生まれた新しい政治イデオロギーこそが、所謂「帝国主義」です。

AA《アジアアフリカ》圏諸国に残された道

ひとたび帝国主義段階に突入すると、帝国主義列強の侵略の矛先とされたAA《アジアアフリカ》圏諸国に残された道（選択肢）は好むと好まざるとにかかわらず、事実上以下の3つのみとなります。

――すなわち、

・第1の選択肢「国を鎖《とざ》して一切の国際外交を拒絶し、自国の安寧を図る」
・第2の選択肢「自らも産業革命を興し、近代軍を拡充して富国強兵を図り、植民地を作って列強の仲間入りを果たす」

そのどちらも失敗したとき、残された選択肢はただひとつ。

・第3の選択肢「列強の侵略に屈し、植民地となって亡び去る」

もっと言葉を噛みくだいて言えば、

――家の門から外を見渡せば、そこは「殺《や》る」か「殺《や》られる」かの殺伐とした世界。

そのどちらも厭《いや》というならば、「家に引きこもる」しかない。

この三択以外、「第4の選択肢」は存在せず、また「三択」といっても最後の選択肢は「亡びる」ですから、実質的には二択。

幕末日本にアメリカが開国を迫っていたころというのは、ちょうどこの帝国主義時代の幕開け前夜のころ。

この選択を迫られた幕末日本は、どう決断したのでしょうか。

まず、「第3の選択肢（滅亡）」を自ら選ぶなどあり得ませんし、「第2の選択肢（植民地獲得）」は想いも及ばない。

そこで「第1の選択肢」すなわち「鎖国」[※5]にしがみつこうとします。

しかし。

門戸を固く鎖そうとする日本に対し、これを認めず、その門を蹴破り、土足で上がり込

※5　最近「鎖国などなかった」という風潮が現れ、教科書からも「鎖国」という言葉が消されそうな勢いですが、はなはだ馬鹿馬鹿しい話です。このことに関しては本章コラムを参照のこと。

んできたのがアメリカです。

日本が選ぼうとした最初の選択肢は、いきなり問答無用で剝奪《はくだつ》されたのでした。

こうして、日本に残された選択肢は事実上たったひとつとなります。

すなわち「植民地を作って列強の仲間入りを果たす（第2の選択肢）」こと。

一強多弱の戦い方「合従策《がっしょうさく》」

しかしそれは、日本の望む選択肢ではありませんでした。

日本人は「和」を重んずる民族性があり、日本人気質として「喰うか喰われるか」「殺《や》るか殺《や》られるか」の二者択一という〝修羅《しゅら》の世界（第2の選択肢）〟は性に合いません。

そこで日本は、こうした状況に追い込まれてもなお、「第4の選択肢」を模索します。

それが「合従策《がっしょうさく》」です。

これを理解するために、今から遡《さかのぼ》ること2300年前、中国は戦国時代の歴史を振り返りましょう。

当時の中国は戦国時代で「一強」の秦と「多弱」の六国《りっこく》※6に分かれて相争っていました。

こうした「一強多弱」の世界にあって、「弱」が「強」に対抗するためには、ただひとつの策、すなわち「合従策」しかありません。

たとえば、ミツバチは1対1ではスズメバチに敵《かな》いませんが、1匹のスズメバチに対して何十匹ものミツバチが襲いかかり、これを倒すことがあります。

同じように、合従策とは「弱」が連携・共闘して「強」に当たる、というものです。当時、蘇秦《そしん》という人物が「合従策」を唱え、六国を説いて回り、六国宰相《さいしょう》として秦に対抗させたものです。

しかし、この「合従策」には致命的な欠点があります。

それは、凡夫《ぼんぷ》ではこの合従の〝理（正当性）〟をまるで理解できないということです。

案の定、六国の重臣たちにはどうしても合従の理が理解できず、ぞくぞくと連衡《れんこう》※7に走って自滅、ほどなくすべての国が秦に呑み込まれていくことになりました。

合従がなかなか理解されない例として、三國志の時代も挙げられます。

※6　燕《えん》（遼寧省《りょうねいしょう》）・斉《せい》（山東省《さんとう》）・趙《ちょう》（山西省北部《さんせい》）・魏（山西省南部）・韓《かん》（河南省《かなん》）・楚（長江一帯《ちょうこう》）。

※7　多弱が一強に対抗できる唯一の策が「合従」なら、一強が多弱を葬る有効策が「連衡」。これは一強が多弱と個別に同盟を結んで合従の結束にヒビを入れ、仲間割れをさせて、多弱を各個撃破していく方策。

この時代は一強（魏《ぎ》）と二弱（蜀《しょく》・呉《ご》）が相争いましたが、このとき二弱（蜀・呉）が生き残る唯一の策が「合従」すなわち〝蜀呉《しょくご》同盟〟しかなかったにもかかわらず、これを理解できた者は諸葛亮と魯粛《ろしゅく》くらいのもので、周瑜《しゅうゆ》・呂蒙《りょもう》・陸遜《りくそん》、その他誰ひとりとして合従の理がまったく理解できず、魏の連衡策にはまって自滅していきました。

このように、多弱が一強に勝つためには合従《がっしょう》しかないにもかかわらず、戦国時代にも三國時代にも、合従が成功したためしがありません。

いざ実行しようとすると、「凡夫にはこの有効性がまったく理解できない」という欠点が露呈してしまうためです。

日・清・朝の「合従」

振り返って、このころの東アジア世界を見てみますと、戦国時代の秦や三國志の魏を「欧米列強」、六国や蜀呉を「極東三国（日・清・朝）」と準《なぞら》えたとき、極東三国の「弱」が生き残るためには「合従」しかないことが理解できます。

そう考えた日本は、

――なんとか、日・清・朝の三国が合従（三国同盟）し、この三国の力を結集することで白人列強の侵略を防ぐことはできないものか。

……と、「三弱」の日・清・朝が同盟を結ぶことで、欧米列強の侵略を防がんと望んだのでした。

しかし、そのためにまず中国（清朝）と朝鮮（李氏《りし》朝鮮）の両国に明治新政府を対等な政府として認めてもらわなければ始まりません。

しかしこれはいきなり出鼻を挫《くじ》かれます。

明治政府が朝鮮政府に送った「新政府成立告示文書」がいきなり拒否されたためです。

曰《いわ》く。

――なんだ、これは！

文書の中に「皇」や「勅」の文字が見えるではないか！

こんなもん、認められるか！

このときの朝鮮が何を怒っているのか、現代人には理解し難いものがあるかもしれませんが、朝鮮には朝鮮の言い分がありました。

それが当時、朝鮮が盲信していた「中華思想（華夷《かい》秩序）」です。

「中華思想」という呪縛

東アジア世界には古くから「中華思想」という考え方がありました。

――中国が世界の中心であり、
中華皇帝の直接支配が及ぶ範囲が歴代の中華帝国（漢・唐・宋・明など）、
その影響力が及ぶ国が朝貢国[※8]（朝鮮・ベトナムなど）、
及ばない範囲が化外《けがい》の地（日本・台湾・欧米諸国など）。
中国から離れれば離れるほど、民度も文明度も落ちていき、
化外《けがい》の地は、獣か妖怪の棲《す》まう蛮族（東夷・西戎《せいじゅう》・南蛮・北狄《ほくてき》）どもの巣窟《そうくつ》。

こうした〝中国優越思想〟も、中国が他を圧倒する軍事力と経済力を有していた18世紀以前までならば、一定の説得力はあったでしょう。

しかし、19世紀の半《なか》ばには、〝蛮族〟であるはずの白人列強に清朝は連戦連敗（アヘン戦争・アロー戦争）を喫し、19世紀後半には、近代化の手本を欧州《ヨーロッパ》に求める（洋務《ようむ》運動）などという中華思想にあるまじき醜態《しゅうたい》をさらしたとなっては、実態の伴わない〝過去の遺物〟と化していました。

もともとあまり中華思想に染まっていなかった日本は、こうした歴史的・客観的事実を目《ま》の当たりにして、すぐに中華思想の呪縛から解き放たれましたが、朝鮮は違います。いまだガチガチに中華思想の呪縛に縛られており、

「日本のごとき〝化外《けがい》の地〟の蛮族が〝皇〟を名乗るなど言語道断！」と考えるのです。

中華思想では、皇帝・皇太子など「皇」を名乗ることができるのは中国のみで、たとえばその属国たる朝鮮の君主は「王（皇帝の臣下）」を名乗り、その後継者は「世子《せいし》（皇帝の臣下の後継者）」と呼ばれていました。日本に「皇」を名乗られては、「王」たる朝鮮は日本より〝格下〟ということになってしまうためです。

日清修好条規

しかし、すでに破綻している〝過去の因習〟にいつまでもしがみついていたのでは、この「帝国主義」という〝修羅《しゅら》の時代〟を乗り越えていくことなど到底不可能。

※8　中国に臣従している国。ただし、朝鮮のように政治的にも属国に等しい国から、ただ貿易をしているだけで事実上自主独立に近い国までその扱いは時代や国によってさまざま。

しかし、朝鮮にはどうしてもそこのところが理解できません。

とはいえ、それも致し方ない側面もあります。

日本が海に守られた島国であったのに対し、朝鮮は中国と地続きだったからです。

したがって、日本が「日出《い》づる処の天子《てんし》、日没する処の天子に書《ふみ》を致す。恙《つつが》なしや」などという挑発的な文《ふみ》を送っても無事に済みますが、朝鮮が同じことをすれば間違いなく亡ぼされます。

朝鮮が生き残るためには、中国に対して従順となり、服従を誓い、媚《こ》び、おもねり、謙《へりくだ》り、その属国として国の安寧を保つより途《みち》はなかったのでした。[※9]

しかし、こうした歴史を数千年にわたってつづけてきた結果、「中国にすがっていれば安泰！」という〝確信〟が彼らのDNAの奥深くまで刻み込まれてしまったようで、それが目の前の現実から目を背かせ、拒絶反応《アナフィラキシーショック》を起こさせてしまっていたのです。

したがって、日本が万言を尽くして現状を説明し、理解を求めても、頑《かたく》なに首を縦に振ろうとしません。

あまりの頑迷ぶりに、日本国内でも「実現性の薄い三国同盟（第4の選択肢）」は諦め、一刻も早く植民地獲得（第2の選択肢）へ舵を切り、まずはその第一として、頑迷なる朝鮮を亡ぼしてしまえ！」という征韓論が沸騰したほどです。

しかし。

それでも明治政府はあくまで「三国同盟」を諦めず、国内の征韓論を抑えつつ、しかし朝鮮の説得はいったん保留とし、まずは清朝と対等同盟を結ぶことを考えます。

李鴻章

朝鮮が「宗主」と仰ぐ清朝が日本と対等同盟を結べば、朝鮮の態度も変わるかもしれません。

そこで日本から清朝に外務大丞《たいじょう》（外相）柳原前光《やなぎわらさきみつ》が派遣されました。

――独力にては西欧列強に抗しがたく、

貴国と通商し、同心協力いたしたく……

この柳原の言葉はまさに「合従策」の精神そのものです。

彼の言葉に心を動かされた李鴻章《リーホンジャン》※10も腰を上げ、ついに1873年、「日清修好条規」が

※9　もっとも、この事実を現在の多くの韓国人は認めようとしませんが。あくまで「朝鮮は自主独立の国だった」と強弁しています。

成立します。

日朝修好条規

こうして日清は対等となりました。

朝鮮がいつまでも中華思想にこだわるのなら「朝鮮だけが日清より格下」ということを自ら認めることになりますから、いよいよ朝鮮も中華思想を棄て、対等条約締結へ一歩踏み出してくれることが期待されました。

しかも、この「日清修好条規」が成立した73年という年は、朝鮮で政変が起き、これまで日本の要求を拒絶してきた攘夷《じょうい》派の大院君《デウォングン》（李是応《イハウン》）政権が倒れ、開国派の閔《ミン》氏政権が生まれた年でもあります。

このタイミングで開国派が政権を獲るとは、日本にとってまさに〝追い風〟。

しかし。

いざ再交渉を始めてみると、朝鮮の頑迷ぶりは日本の想定をはるかに超え、またしても彼らは「皇」「勅」の字を持ち出し、日本使節の着ている洋装に難クセをつけ、清朝からの使者だけが通ることができる「宴饗大庁門《えんきょうだいちょうもん》[※11]」を日本使節が通ることを断固として認めようとしません。

事ここに及んでも、朝鮮の中華思想はビクともしていなかったのでした。日本が目指す「日・清・朝三国同盟」はあくまで対等同盟でなければならず、朝鮮のこうした「中華思想」「日本蔑視観」を認めるわけにはいきません。

もちろん朝鮮にも人材はおり、時の領議政《りょうぎせい》（首相）李裕元《イユウォン》のようにきちんと現状と道理を理解できる者はいました。

――今は「皇」だの「勅」だの、そんなくだらぬことに拘《こだわ》っているときではない！

日本のように一刻も早く開国して近代化しなければ、祖国は亡びてしまう！

しかしながら、こういった〝まともな主張〟をした者は、朝鮮の人々の間では当時も今も「売国奴《ばいこくど》」扱いです。

感情的になっていた当時ならまだしも、現在に至るまでそうした評価ということは、韓

※10　柳原の言葉に、すぐ「合従の重要性」を理解できた李鴻章は、その一点を見てもすぐれた政治家であることがわかります。

※11　華夷秩序の象徴。そうであればこそ、日本は断じてここを通らなければなりません。朝鮮が中華思想から脱却してくれない限り、三国同盟などあり得ないからです。

国では１００年経った今なお、当時から現在に至るまで、歴史理解がまったく進んでいないことを如実に示しています。

このとき、日本全権の外務大丞《たいじょう》森山茂《もりやましげる》も相当に粘り強く交渉をつづけましたが、朝鮮政府のあまりの頑迷さを前にしてついに席を蹴り、交渉決裂。

万策尽き果てた日本は、ついに平和的外交交渉による提携を諦め、武力を以て開国させることを決意します。

それが「江華島事件（１８７５年）」、そして「日朝修好条規（１８７６年）」へと繋がっていくことになります。

属国であることを望んだ朝鮮

こうした経緯によって、日本の国内世論も「征韓論（第2の選択肢）」と「三国同盟（第4の選択肢）」で揺れ動くことになりますが、この時点においてもまだ、政府は「三国同盟（合従策）」を諦めておらず、「朝鮮がちゃんと自主独立の国と自覚し、近代化してくれるなら、無理に征韓（朝鮮を植民地に）する必要はない」と考えていました。

したがって、「日朝修好条規」の第一款で、日本はこう要求しています。

――朝鮮国は自主の国であると宣するべし。

のみならず、日本からただちに軍事顧問の堀本礼造《ほりもとれいぞう》が派遣され、旧態依然とした朝鮮軍の軍制改革を促し、近代化に尽力しています。

もしこのとき、日本が「征韓論」に舵を切っていたなら、何が哀しうて今から征服しようと思っている国の軍隊を近代化させて強くしようなどと考えるでしょうか。

このときの日本は、あくまで朝鮮にも近代化して強くなってもらって、日・清・朝が自主独立かつ対等の国家として軍事同盟を結び、共闘して欧米列強の侵略から国を護りたいと考えていただけでした。

しかし。

「親の心子知らず」と言うべきか、そうした日本の気持ちがまるで理解できない朝鮮では「壬午《じんご》軍乱（1882年）」が勃発、その混乱の中で堀本礼造は惨殺され、朝鮮はせっかく得た「自主独立」の立場を自らかなぐり棄て、ふたたび清朝にすがり、「属国」の道へとひた走ってしまいます。

数千年来にわたって、中国の属国として生きてきた朝鮮には、属国以外の生き方など知らないし、できないし、考えられなかったのです。

日本、ついに合従策を諦める

ここに至るまで、開国した日本には実質的に「第2の選択肢（植民地獲得）」しか残されていなかったにもかかわらず、実現可能性のきわめて低い、歴史的にも成功したためしがない「第4の選択肢（合従策）」を模索しつづけてきました。

朝鮮には合従の理をとくとくと説き、説得をつづけてきました。

にもかかわらず。

苦労してようやく朝鮮を自主独立へと導いてやったと思った矢先、朝鮮はアッという間に自らの意志で「清の属国」としての立場に舞い戻ったのです。

この事実は、2つの現実を示していました。

ひとつには、朝鮮が「どうしても清朝の属国でありつづけたい！」という強力な意志を行動を以て日本に示したこと。

もうひとつが、「朝鮮の説得はまったく不可能」だということを日本に思い知らせたこと。

欧米列強の侵略が刻一刻と圧力を強めている当時、日本に残された時間は少なく、これ以上朝鮮の頑迷さに付き合っている余裕はありません。

事ここに至り、ついに日本も「第4の選択肢（合従策）」を諦め、「第2の選択肢（征韓論）」へと大きく舵を切ることになりました。

そこから先の歴史は、よく人口に膾炙《かいしゃ》しているため、多くは語りません。

まずは宗主国たる清朝を日清戦争で破り、つぎに極東に進出してきたロシアを日露戦争で破っていきました。

朝鮮は日本の生命線

ここまで歴史を辿ってきて、日本は当初、朝鮮を植民地にするつもりなど毛頭なかったことが理解できたでしょうか。

歴史を紐解けば、新しい時代が到来したのに旧時代の思想・制度・体制に縛られている組織はかならず亡びる宿命にあります。

例外はひとつとして存在しません。

新しい時代の到来を目の前にして日本はそのことを理解し、「倒幕」「維新」という形で新時代へと〝脱皮〟することに成功しました。

これに対して朝鮮は、旧い思想（中華思想）に凝り固まった旧い国家体制（李朝）を倒そうとする動きはついに起こりませんでした。[※12]

たとえば。

ある人が癌《がん》に冒されたとき、医師が誠心誠意癌の切除手術を勧めたにもかかわらず、患者は断固としてこれを拒否、そのためまもなく死亡したとします。

このとき、この死の責任は誰にあるでしょうか。

手術を勧めた医師でしょうか。

それとも、癌の切除を拒否した患者自身でしょうか。

答えは言うまでもありません。

そのことを理解したとき、朝鮮が亡びたのは誰のせいでもなく、朝鮮自身による自滅だということがわかります。[※13]

したがって、たとえ日本が手を出さなかったとしたら、ロシアに亡ぼされたでしょう。

原因は日本にあるのではなく、朝鮮自身にあるのですから、「滅亡」の結果は変わりません。

そのうえ、朝鮮が亡ぼされるだけで済むことなら、日本もあえて朝鮮に拘《こだわ》らずさっさと朝鮮を見棄てたかもしれません。

しかし現実には、朝鮮の滅亡は他人事《ひと》で済まないどころか日本の滅亡に直結したため、これを看過できないという事情が日本にはあったのです。

朝鮮を放置した結果、朝鮮がロシアに亡ぼされ、ロシアの前線基地が朝鮮に建設されたら、当時の日本にはこれを防ぐ手立てはまったくなかったからです。

このことを当時「朝鮮は日本の生命線」という言葉で表現しました。

近代化する意思を示さない朝鮮の滅亡はもはや決定的。

となれば、ロシアに亡ぼされることは火を見るより明らか。

そしてそれは日本の滅亡に直結――となれば、好むと好まざるとにかかわらず、日本に残された道はただひとつ、朝鮮を日本の支配下に置くことだけです。

※12　「叛乱」は起こりましたが「革命」はついに起こりませんでした。叛乱とは「政府に政治的要求を受諾してもらうことが目的で政府打倒は考えていない」もの、革命とは「政府打倒そのものが目的」。

※13　癌を「中華思想」に、患者を「朝鮮」に、医師を「日本」に置き換えると、このときの国際状況が理解できます。

墓穴、墓穴、また墓穴……

ところで、ロシアという国はブラゴヴェシチェンスク虐殺やホロドモール※14などを例に出すまでもなく、平気で絶滅作戦《ジェノサイド》を行うお国柄。

もしこのとき朝鮮がロシアの植民地にでもなっていたら国家が滅亡するだけでは済まず、民族そのものが絶滅させられた可能性すらあります。

にもかかわらず朝鮮は、そうした自覚がまるでなく、このころさかんにロシアと密通し、ロシアの軍事力で日本の影響力を駆逐しようと暗躍していました。

そんなことをして仮に日本を追い払うことに成功したところで、そのあと朝鮮はどうやってロシアを追い払うつもりだったのでしょうか。

まったく後先を考えていません。

この事実を察知した日本は、日露戦争が勃発してまもなく韓国に「第1次日韓協約」を結ばせ、韓国が勝手に（特にロシアと）外交できないよう日本人顧問を置いてこれを監視下に置くことを認めさせます。

伊藤博文

ところが、韓国はこれをまったく無視して密使を派遣しつづける。

そんなことバレないわけもなく、これを知った日本は「第2次日韓協約」を結ばせ、今度は完全に外交権を剝奪し、これを初代統監（伊藤博文《いとうひろぶみ》）に委ねました。

ところが、韓国は性懲りもなく密使を派遣します。

今度は、恃《たの》みの綱のロシアが敗れ去ったため、オランダのハーグで「国際平和会議」が開催されていることを知るや、その国際会議の場で日本の〝侵略行為〟を訴える挙に出たのです。

しかし。

ここで日本を弾劾《だんがい》することは「日本を怒らせる」以外、何の意味も持たない行為でした。

なんとなれば、当時「韓国優先権」「日韓協約」はきちんと国際承認を受けているもので、国際外交法規上、日本に非難される要素はまったくないうえ、そもそも韓国には外交

※14　ブラゴヴェシチェンスク虐殺は、露清国境の町・ブラゴヴェシチェンスクに住む、武器も持たない老若男女の一般市民をロシア兵が皆殺しにした事件。ホロドモールは、ロシア（ソ連）が1450万人ものウクライナ人を計画的に餓死させたジェノサイド（民族絶滅作戦）事件。

権がないため、ここに密使を派遣することそのものが国際法違反、発言権そのものがないためです。

そうした自覚すらない密使は必死に窮状を訴えましたが、会議に出席していた各国代表たちはこれを失笑するしかなく、日本に同情する有様。

ここでも韓国の外交無知が露呈する形となりました。

事ここにおいて、ついに堪忍袋の緒が切れた日本は「第3次日韓協約」を押し付け、韓国を完全に保護国化してしまいます。

そして最後は自滅

ところで、白人社会というのは良きにつけ悪《あ》しきにつけ徹底した「実力主義」です。相手が「力」を示さない限り見下して対等に付き合おうとすらしません。

当時ロシア帝国といえば、白人列強の中でも最大級《トップクラス》の陸軍大国。

そのロシアを打ち負かしたとなれば、「力」を示すのに充分です。

日露戦争を見た列強諸国は、日本の実力とその結果を認め、ぞくぞくと対等条約を結んで、日本に「韓国優先権」を承認してきました。[※15]

こうした情勢に、日本国内では、

「国際承認も得た！

このまま一気に韓国を併合してしまえ！」

……という世論が湧き起こり、征韓論を後押しするようになってきましたが、これを「時期尚早」と孤軍奮闘、必死に抑えていた人物、それこそが伊藤博文でした。

ところがそうした矢先、事件が起こります。

１９０９年、その伊藤博文がひとりのテロリスト安重根《アンジュングン》の凶弾に斃《たお》れたのです。

彼は逮捕後、「祖国のため！」と熱弁を振るいました。

――我は人生のすべてを祖国に捧ぐ！

これは気高き愛国者の行動なり！

たしかに安重根自身は、純粋に祖国のために起《た》った〝義挙〟のつもりだったのでしょう。

安重根

※15　１９０５年、アメリカが桂《かつら》タフト協定で、イギリスが第２次日英同盟で。１９０７年、フランスが日仏協約で、ロシアが日露協約で、それぞれ日本に韓国優先権を承認しました。

しかし現実には、「祖国を滅亡に追い込んだ軽率きわまりない愚行」にすぎません。彼の〝義挙〟は、征韓論を抑えることのできる人物を自らの手で殺し、同時に、征韓派に日韓併合への格好の口実を与えただけです。

伊藤は今際《いまわ》の際《きわ》、犯人が韓国人だと知らされてこう言い残したといいます。

——馬鹿なやつじゃ。

「今、この儂《わし》を殺せば韓国滅亡に繋がることもわからんのか」という意味でしょう。

果たせるかな、翌10年、ついに「日韓併合」が成立。

日本（征韓派）を喜ばせ、韓国を亡ぼす契機を作った安重根の凶行《テロ》は、韓国視点から見れば責められて然るべきところですが、豈図《あにはか》らんや、当時も現在も彼は韓国国民から「義士」「英雄」扱いです。

歴史から目を背けるということはこういうことです。

「日帝36年」の真実

ところで。

現在、韓国は日韓併合から第二次世界大戦の終結までを「日帝36年」と称し、「国王・

主権・生命・土地・資源・国語・姓名を奪われ（七奪）、搾取されつづけた時代だった」と主張しています。

しかし。

まず「国王」に関して言えば、これまで見てきたように、王朝を亡ぼした本質的な張本人は頑として近代化を拒絶した朝鮮自身と言えましょう。

さらに、朝鮮において王朝交代が起こるとかならず前王朝の王族は皆殺しにされるのが慣例でしたが、日韓併合の場合、李王室は「華族」とされ尊重されています。

「主権」に関しては、朝鮮は最初から清朝の属国であり、はなから「主権」など持っていませんでしたし、また自ら属国を望んでいたほどでしたから、「奪われた」のでもなんでもなく、清朝から日本に移行しただけのことにすぎません。

その他、土地・資源などは「奪った」どころか、日本が莫大な資本を投下して、石高《こくだか》・耕地面積ともに飛躍的に増えています※16し、これに伴って、人口も倍増しています※17。

※16　日韓併合の1910年から21年間で石高は１０４０万石から１５８７万石と１・５倍に、耕地面積はわずか８年間で２５０万町歩から４３０万町歩と１・７倍に激増しています。

※17　人口は日韓併合から32年で１３１３万人から２５５３万人に倍増しています。

朝鮮半島の歴史は「飢餓との戦いの歴史」と言い換えることもできるほど、朝鮮に文明が生まれて以来、飢餓を解決できた王朝はひとつたりともありません。

それが〝日帝時代〟に解決したのです。

それは、爆発的人口増加を果たした統計上の数字から明らかで、韓国が主張するように、もし本当に日本が韓国に対して苛斂誅求《かれんちゅうきゅう》していたならば、人口が減ることはあっても、増えることなど断じてあり得ないことです。

ましてや、減るどころかわずか30余年でひとつの国家人口が2倍になるという、常識外れな爆発的人口増加など、植民地どころか独立国家にだって他に例のないことです。

歴史に無知であることの罪

さて。

こうして歴史を紐解いていったとき、日本はどこで〝間違えた〟のでしょうか。

もう一度、初めから振り返ってみましょう。

・そもそも帝国主義段階のＡＡ圏《アジアアフリカ》諸国には、「鎖国」か「植民地建設」か、実質的に2つの選択肢しか与えられていなかった。

・幕末の日本は、第1の選択肢「鎖国」を望んだが、アメリカの強引な開国要求を前に、これを選ばせてもらえなかった。
・そうなれば、第2の選択肢「植民地獲得」しか残されていなかったにもかかわらず、明治政府はわずかな望みに賭けて、第4の選択肢「合従策」を模索した。
・しかし、中華思想に雁字搦《がんじがら》めに縛られていた朝鮮にはこれが理解できず、断固として「清朝属国」であることを望んだ。
・日本は平和的外交手段によって朝鮮を開国させることを諦め、武力で開国を迫らざるを得なくなる。
・朝鮮を開国させたのちも、伊藤博文がその併合を抑えていたが、この抑止力《ストッパー》を韓国自らが外してしまう（伊藤博文暗殺）。
・これにより日韓併合が実現。
・日韓併合後、日本が莫大な投資を行い、韓国の経済発展を図った結果、耕地面積・石高・人口すべてが倍増する。
そして今日。

韓国は、こうした歴史に見向きもせず、「すべて日本が悪い！」「謝罪せよ！」「歴史を正視せよ！」と責め立て、これをマに受ける（一部の）日本人。

歴史に無知であることが、如何に罪深いことかがわかります。

民族の尊厳を守る意味でも、我々は真実の歴史を学ぶ義務があると言えましょう。

コラム　鎖国などなかった？

近年、降って湧いたように「幕府は鎖国などしていなかった」などという主張が拡がり、「鎖国」という言葉が教科書から消される方向性まで示されました。

なぜ？

そう思って、「鎖国などなかった派」の主張を聞いてみると、どうにもピント外れです。

曰く、

――当時〝鎖国〟などという言葉はなかった。

しかしながら、「当時〝言葉〟としてはなくとも〝事実〟としては存在していたため、後世の人がこれに名前を付ける」ということは歴史学上ごくふつうに行われることであって、そんなことはまったく理由になりません。

それを言うなら、幕末まで「幕府」「藩」「幕藩体制」「藩士」などという名称が使用されることはありませんでしたが、だからといって「藩士」がいないわけではないのと同じです。ヨーロッパでいえば、「古代」「中世」という言葉も近世になってから作られた言葉ですが、ふつうに使用されます。

イスラーム世界（オスマン帝国）では「ミッレト」と呼ばれる統治システムがありますが、当時のイスラーム世界では特に制度としての名はありませんでした。

しかし〝名無し〟では歴史説明がしにくいという理由で、後世のヨーロッパ史家がこれに「ミッレト」と名を付けたのですが、当時、名称がなかったからといって制度として存在しなかったわけではありません。

また曰く、

――幕府は中国や朝鮮、オランダなどと交易しており、国を鎖しているわけではないのだから〝鎖国〟ではない。

たしかに幕府は、対馬を通じて朝鮮と、薩摩を通じて琉球《りゅうきゅう》と、松前《まつまえ》を通じてアイヌと、長崎を通じてオランダや清朝と交易していました。

しかし、それ以外の国とは国を鎖しており、開いている方ではなく鎖している特性を重視して「鎖国」と呼んだにすぎません。

歴史用語が文字通りの意味でないことなど、それこそ無際限にあります。

銀箔《ぎんぱく》が貼ってなくとも「銀閣寺（慈照寺銀閣）」です。

本当に江戸市中の町の数が〝808ちょうど〟でなくても「八百《はっぴゃく》八《や》町《ちょう》」です。

千葉にあるのに「東京ディズニーランド」です。

最近、社会に「言葉狩り」「揚げ足とり」が蔓延して殺伐とした世の中になってきましたが、「聖徳太子《しょうとくたいし》ではない、厩戸皇子《うまやどのおうじ》と呼ぶべきだ」などという意味不明な主張同様、そうした悪しき社会風潮が史学界にまで蔓延してきているようで閉口させられます。

[第8章]

日露戦争

「ビスマルクの失脚」が14年後の日本を救った

従来の日本史観

19世紀半ば、アメリカによって泰平の眠りから叩き起こされた日本は、いきなり「帝国主義」という〝植民地争奪戦〟の世界に放り出されました。

初めは朝鮮を巡って中国（清朝）と対立し、日清戦争でこれを破った日本でしたが、つぎに満洲を巡ってロシア（ロマノフ朝）と対立すると、日本は行き詰まってしまいます。

なんとなれば、当時の日本とロシアではあまりにも国力差がありすぎたためです。

当時の日本の歳入は2億5000万円であったのに対して、ロシアのそれは20億。

陸軍兵力は、日本の20～25万人に対して、ロシアは200～300万人。

文字通り〝ケタ違い〟で、これは喩えるなら、か弱い小学生と無双の横綱が相撲を取ろうとしているようなもの。

日本自慢の海軍ですら、排水量が日本の26万tに対して、ロシアは80万tと3倍以上の格差。

そのうえ兵器の質も、こちらが鎖門式《ボルトアクション》の単発銃[※1]であったのに対して、向こうはダムダム弾[※2]を装塡《そうてん》したマキシム機関銃。

とてもまともに戦って勝てる相手ではありませんでした。

苦渋の選択

しかし、かといってここで退くことは日本の滅亡を意味しました。
――戦って亡びるか、
座して亡びるか。
まさに苦渋の二者択一《オルターナティブ》を迫られる日本。
「もはや戦うより外《ほか》、道はない！」と主張する主戦派の山縣有朋《やまがたありとも》、桂太郎《かつらたろう》。
「勝ち目のない戦《いくさ》は避けたい！　なんとか平和的解決を！」と叫ぶ避戦派の伊藤博文《いとうひろぶみ》。
両者の狭間を揺れ動く井上馨《いのうえかおる》。

※1　三十年式歩兵銃。一発撃つごとに排莢《はいきょう》・弾込めを手動で行わなければならなかった。
※2　当時「あまりにも残忍にして野蛮」と国際法でその使用が禁止されていた銃弾。弾頭が特殊加工されており、着弾すると弾頭が変形し、内臓をズタズタに破壊するもの。

侃々諤々《かんかんがくがく》の議論の中、伊藤は最後までギリギリの折衝をつづけましたが、日本を舐めきっていたニコライ2世は一歩たりとも妥協する姿勢を見せなかったため、これを見た井上が「傲慢不遜《ごうまんふそん》のロシアと和平など不可能！」と主戦派に鞍替《くら》えしてしまいます。

そしてついに日英同盟の成立を機に、伊藤も「開戦もやむなし」と覚悟を決め、政府は開戦へと意志統一することになりました。

こうして開かれた御前会議は、すでに開戦意志を固めた政府が明治天皇に事後承認を迫る場でしかなくなります。

明治天皇の本心はあくまで避戦。

「朕《ちん》は開戦を望まぬ。

しかし、もはや事ここに及んでは如何ともし難い。

もしこたびの戦に敗北した場合、（日本の滅亡は決定的となるため）

どのようにして祖先に詫び、どのように我が国民に対すればよいのか！」

しかし、政府の意志を受けた明治天皇は、こうした悲壮な想いを胸に秘めつつ一言。

――決議通りでよい。

連戦連勝！

最後の最後まで避戦に努力した伊藤でしたが、ひとたび開戦すると決まった以上、勝てないまでも敗けぬための采配に奔走します。

とにかく財源がないため、戦費調達に当時日銀副総裁だった高橋是清《たかはしこれきよ》をイギリスに派遣。

さらに、早期に戦争を終わらせるため、合衆国大統領を味方に取り込むべくハーバード大学に留学経験のある金子堅太郎《かねこけんたろう》をアメリカに派遣。

このように悲壮な想いで立ちあがった日本でしたが、蓋を開けてみれば、仁川《インチョン》沖海戦・鴨緑江《おうりょくこう》の戦と、海に陸に連戦連勝！

乃木希典《のぎまれすけ》大将率いる第三軍が旅順《リュシュン》に手こずったものの、つづく黄海《こうかい》海戦では旅順艦隊[※3]を撃破！

つぎつぎ舞い込む敗戦報告に業を煮やした露帝ニコライ2世は、ついに〝伝家の宝刀〟

※3　旅順艦隊は通称で、正式名称は「第一太平洋艦隊」。

日露戦争

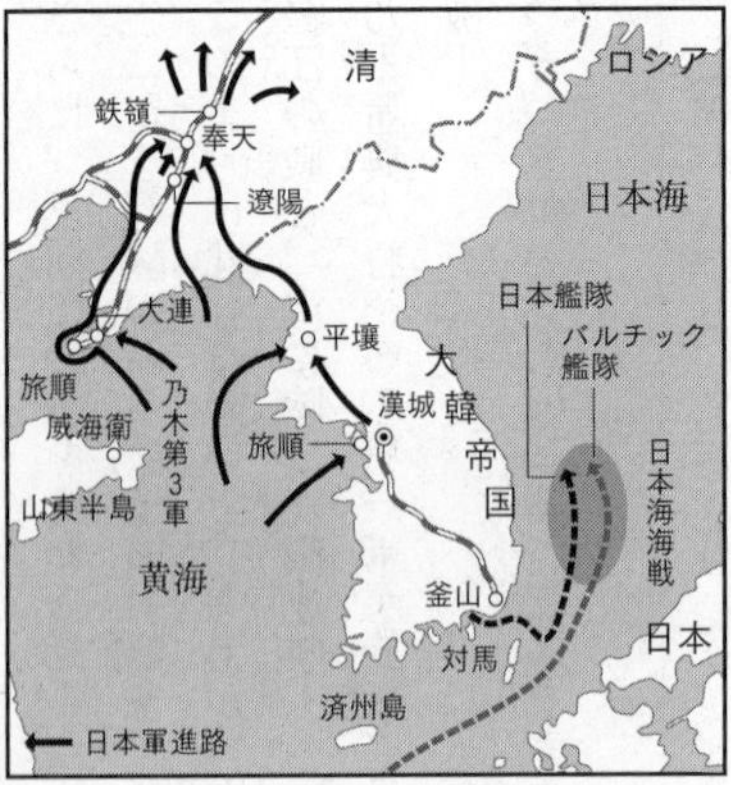

バルチック艦隊[※4]を出撃させました。

万が一にもこれに連合艦隊が敗れるようなことになれば、これまでの日本人の苦労、奇蹟のような連戦戦勝もすべては水の泡、日本はロシアの奴隷民族となって亡びることになります。

――皇国の興廃この一戦にあり！[※5]

こうして、まさに国家存亡を賭けた大海戦が幕を切って下ろされました。

連合艦隊総司令官は東郷平八郎《とうごうへいはちろう》。

彼は丁字《てい》戦法を用いてバルチック艦隊にあたるや、見事これを撃破！

さらに、大山巌《おおやまいわお》総司令官をして「本作戦は今戦役の関ヶ原とならん！」と言わしめた最終決戦、奉天《ムクデン》でも勝利！

事ここに至ってついにニコライ2世も屈服。

かくして日本は、その血の滲《にじ》むような弛《たゆ》まぬ努力と智慧と勇気によって、戦前の圧倒的劣勢を覆《くつがえ》し、見事、日露戦争に勝利することができたのでした。

※4　バルチック艦隊は通称で、正式名称は「第二・第三太平洋艦隊」。

※5　開戦とともに掲げられた信号旗「Z旗」に込められた意味。このあと「各員一層奮励努力せよ」とつづく。このときの連合艦隊参謀・秋山真之《あきやまさねゆき》の作と言われる。

世界史から読み解く日本史観

　このように、日本視点から日露戦争を見たとき、〝貧乏小国〟日本が地力ではるかに勝る〝世界最大の陸軍大国〟ロシアに勝利することができた理由として、日本人の「努力」「智慧」「優秀性」という側面が強調されることが多い。

　もちろんこたびの奇蹟的勝利は日本人の尋常ならざる努力・智慧がなければけっして成し遂げられるものでなかったことは事実でしょう。

　しかし同時に、当時の日露の国力の差はあまりにも大きすぎ、日本人がどれほど死力を尽くそうとも努力だけで覆せるほど甘いものでなかったこともまた事実です。

地運と天運

　このことは日本海海戦で第二艦隊参謀として活躍した佐《さ》藤《とう》鉄《てつ》太《た》郎《ろう》中佐も実感しており、彼は戦後、日露戦争を評してこんな感慨を述べています。

——こたびの日露大戦の勝利は、四分が地運、六分が天運であった。

地運とは「人間が努力を積み重ねることによって招き寄せることができる幸運」

天運とは「人智のおよばぬところで天から授けられる幸運」。

地運は努力次第で勝ち取ることも可能ですが、天運は人間の力でどうしようもない、まったくの運です。

地運だけで乗り越えられる試練もありますが、こたびの戦争は、とうていそのような代《しろ》物《もの》ではありませんでした。

奇蹟も偶然もまぐれも幸運も僥倖《ぎょうこう》も神助も天祐《てんゆう》も、ありとあらゆる好運を総動員して初めて、わずかに〝一閃の光明〟が差す——ほどの劣勢だったのです。

文字通りの〝天祐《てんのたすけ》〟

たとえば、日露戦争緒戦の鴨緑江の戦。

ここまで進軍してきた第一軍総司令官黒木為楨《くろきためもと》は鴨緑江を前にして苦悩していました。

この川を挟んでロシア軍との睨み合いがつづき、膠着《こうちゃく》状態に陥っていたためです。

——まずいな……。

こんなところでいつまでもモタモタしていたのでは日本の貧弱な兵站《へいたん》がたちまち悲鳴をあげてしまうし、何より第二軍との連動作戦に支障をきたしてしまいます。

かといって正面からの突破は不可能なので、ここは川の上流に軍橋をかけて敵軍の側背を突きたいところですが、敵もバカではありませんからこれを警戒、すんなり軍橋を作らせてくれるはずもありません。

敵の目をかすめて軍橋を作るためには、闇夜にまぎれてこっそり作る必要から新月の夜が好ましいですが、タイミング悪くちょうどこのころは満月の時期。[※6]

とはいえ、つぎの新月まで半月も待っていられません。

ならば、満月を覆い隠してくれるほどの厚い雨雲が出てくれればよいのですが、かといって雨に降られては困ります。

雨が降ったが最後、たちまち川が増水して、急造の軍橋などすぐに流されてしまうからです。

——厚い雨雲は出てほしいが、雨に降られては困る。

こんな都合のよい条件をクリアしたとしてもなお、敵のサーチラ 警備の眼にひっかかればすべては水の泡です。

すると作戦決行のその夜、みるみる厚い雨雲がかかって天は月を覆ってくれたのに、雨は降らず、そのうえ濃霧まで発生して敵のサーチライトを無効化してくれたのです。

まさに「天の祐《たす》け」。

これにより側背を突かれたロシア軍はたちまち潰走《かいそう》、日本の大勝利となったのでした。※7

天候ばかりは人間の努力ではどうしようもない、文字通りの「天運」ですが、それが味方となってくれたおかげの勝利でした。

その後もつづいた奇蹟

その後も天祐はつづきました。

日露戦争では、日本は一局地戦すら負けられないばかりか、引分すらも許されないという「背水」状態にありましたが、黄海海戦では参謀秋山真之《あきやまさねゆき》が「不可解な艦隊運動」と酷

※6　作戦決行の1904年5月1日は、月齢15・2の満月の夜でした。

※7　当時のロンドンタイムズは「日本軍の指揮と勇気とその完璧な組織には、これに見合う賞賛の言葉もなし」と絶讃している。

評される致命的失態を演じたことで、危機的な状態に陥りました。

「もはやどう足掻《あが》いても逆転は不可能！」

誰しもがそう思い、絶望感が覆いはじめてきたまさにそのとき！

戦艦三笠《みかさ》から放たれた主砲が敵旗艦ツェサレーヴィッチの司令室に2連発で直撃、これによって旅順艦隊はパニック状態を引き起こして逆転勝利したのでした。

当時の戦艦の大砲は「狙って当たる」というものではなく、何十発撃っても戦艦の巨大な船体に当てることすら至難だった時代です。

ましてや敵艦司令室に直撃させるなんて、「100m先に飛んでいる蠅を銃《ピストル》で狙う」ほどの難易度で、それが2連発で命中するなどまさに奇蹟。

のちに「運命の一弾」と呼ばれるようになるこの〝奇蹟〟がなければ、日本はロシアに敗れ、滅亡していたことでしょう。

まだまだつづく天祐神助

他にも、日本海海戦では「快晴もダメ、濃霧もダメ、薄霧が理想」という場面《シーン》では薄霧が発生し、「霧が晴れてほしい！」というタイミングでみるみる快晴となる。

大山総司令官をして「日露戦争における関ヶ原というも不可ならん！」と言わしめた奉《ほう》天会戦《てんかいせん》では、「奉天史上最大の大砂塵《さじん》」が巻き起こって日本軍に有利に働く。

これを目の当たりにした現地の人は驚き、口々にこう噂し合ったといいます。

――まことに天は日本に味方している！

このように、これでもかというほどの天祐神助の目白押し。

日英同盟が絶対条件

しかし、これらの奇蹟も天祐も神助も「日英同盟」なくしてはすべて意味を成しませんでした。

なんとなれば。

じつは当時、ロシアはフランスと同盟を結んでおり（露仏同盟）、一対一でもほとんど勝ち目のないこの戦《いくさ》に、フランスまで参戦されたら、天祐に神助を加え、奇蹟とまぐれと幸運と偶然を総動員してもどうしようもなくなるためです。

何としてもフランスに参戦させないようにしなければなりませんが、そのためにはイギリスを味方に付け、これを牽制《けんせい》とする必要がありました。

さらに日本は、開戦当初から借款《しやっかん》に頼らなければならない財政状況でしたが、「大陸国家vs島国」「世界最大の陸軍大国vs開国まもない貧乏小国」という構図の中、敗けるに決まっている日本に誰が資金を貸すでしょう。

借款ができなければ、日本は戦うことすらできないまま破産です。

しかし、こうした財政面でも日英同盟さえ結ばれれば、「イギリスの後盾がある！」ことを武器に借款も大いに有利になります。

このように、日露開戦の絶対条件は「日英同盟」の成立。

これなくして、日本は戦争を始めたくても始められません。

しかし、これには重大な問題が。

当時のイギリスは「光栄ある孤立《スプレンディッドアイソレーション》」を掲げ、「どこの国とも同盟を結ばない」ことを国是《ポリシー》とし、誇りとしていたためです。

ましてや、同盟相手が彼らが〝黄色い猿《イエローモンキー》〟と蔑む日本人が相手となれば尚更。

日英同盟の成立などまったく絶望的……のはずでした。

天祐は地球の裏側から始まっていた

ところが。

意外や意外、日本のラブコールに対してイギリスはその誇り《プライド》をかなぐり棄てて日本と同盟を結ぶことを受諾しました。

いったい何が起こったのでしょうか。

じつは、〝天祐〟はすでに日露戦争が勃発する14年ほど前のドイツで起こっていたのです。

１８９０年、ドイツ第二帝国[※8]の宰相Ｏ《オットー》・ビスマルクが皇帝《カイザー》と対立して失脚[※9]したのです。

この、日本とは何ひとつ関係ないように見える〝地球の裏側で起こった一宰相の解任劇〟が日本を救うことになろうとは、この時点で誰が想像し得たでしょうか。

じつは近世以降、永らくドイツでは分裂状態がつづいていましたが、１８７１年、これ

※８　正式名称は「ドイツ国（Deutsches Reich）」。ドイツは、「ドイツ第二帝国」「ドイツ共和国」「ドイツ第三帝国」と政体が変転するが、それらは〝通称〟であり、正式名称はすべて「ドイツ国」。

※９　形式的にはあくまで「辞任」という形を取ったものの、実質的には〝失脚〟。

を数百年ぶりに統一たらしめた最大の功労者こそがビスマルクです。

「彼なくしてドイツ統一はあり得なかった」と言われるほどの第一級の元勲《げんくん》。

その功績を前にしては、もはや皇帝《カイザー》ですら口出しできないほどで、彼の地位は盤石《ばんじやく》である……かに思えました。

ところが1888年、彼に対して絶対的な信頼を与えていた皇帝ヴィルヘルム1世が亡くなり、ヴィルヘルム2世が即位したことでその風向きが急速に変わってきます。

新帝ヴィルヘルム2世は即位時弱冠[※10]29歳。

だいたい20代というのは、何の実績も実力もなく、政治も経済も世の中の仕組も何ひとつわかっていないのにわかったような気になって自分を過信し、自分の力を試したくてウズウズする〝お年頃〟です。[※11]

そうした彼にとって、実権を握っているビスマルクは目の上のたんこぶ。

そこで彼はビスマルクに圧力をかけ、即位から2年後の1890年、ついに彼を辞任に追い込むことに成功したのでした。

新航路政策

夢にまで見た親政※12を手に入れた彼は、ビスマルクが心血を注ぎ20年（1871～90年）をかけて構築した所謂「ビスマルク体制」をつぎつぎと壊して歩きます。

当時のドイツは、表面的には「天下統一《ドイツ》」を謳《うた》っていましたが、じつはひと皮めくれば、「4つの王国・6つの大公国・5つの公国・7つの侯国・3つの自由市・1つの帝国領」で構成された〝ゆるい連邦体〟にすぎませんでした。

――体裁は整った！

とはいえ、〝真の統一〟はまだまだこれからだ！

長いあいだ分裂状態がつづき、もはやそれが〝常態化〟していたドイツでは、統一後も

※10　本来的には「20歳ちょうど」を表す言葉でしたが、最近では「歳が若い」ことを強調する表現として使用されるようになっています。本文でもその意味で使用されています。

※11　多かれ少なかれ誰しも発症する症状ですので若いころならさして心配するに及びませんが、これが過度であったり、いい歳をしても治らないようだと誰からも相手にされなくなります。

※12　君主（皇帝・王など）が自ら政治を行うこと。

そのひとつひとつの独立心がたいへん強く、じつのところ1871年の「統一」は〝完成した〟のではなく、あくまで〝スタートラインに立った〟にすぎない状態だったのです。[※13]

慧眼ビスマルクはこのことをよく理解し、ヨーロッパ各国が植民地獲得競争に狂奔する中、内政問題に注力し、外交は平和外交に徹します。

しかし。

こうしたビスマルクの深淵な政治理念や苦労をまったく理解できなかったヴィルヘルム2世は、即位する前からこれを苦々しく見ていたのでした。

――もう統一は達成したのだから、内政より植民地獲得競争に力を注ぐべきだ！

このままでは我がドイツだけが植民地獲得競争に出遅れてしまうではないか！

そこで彼は親政を手にするや、のちに「新航路」と呼ばれることになる政策に着手し、まずはビスマルク体制を根こそぎ破壊することから始めたのでした。

その一環として彼は海軍増強に奔走します。

――海外植民地の獲得のためには、何より海軍増強が必須である！

ドイツは陸軍ならすでに屈強な軍を保有していましたが、海軍が脆弱《ぜいじゃく》でした。

そこでヴィルヘルム2世は、立てつづけに「艦隊法」[※14]を発し、海軍増強に取りかかります。

これにより海軍の勢力図が塗り換えられ、それまでランク外だったドイツは一気に世界第2位の海軍大国に躍り出ることになりました。

イギリスの焦燥

これに驚いたのがイギリス。

日本よりも小さな島国でしかないイギリスが当時世界に覇を唱えることができたのは、偏《ひとえ》に他を圧倒する海軍力のおかげですが、ドイツの海軍増強はこれを脅かすものだったからです。

当時のイギリスは「二国標準主義」[※15]を採っていましたから、ドイツ海軍が増強したならば、イギリスもこれに合わせて海軍を増強しなければなりません。

※13　バイエルンなどは、20世紀になってもドイツからの独立を企てたほどです。

※14　1898年、1900年、1908年、1912年の4次。

※15　イギリスが世界一の海軍大国を維持するのは当然として、「世界第2位と第3位の海軍大国の海軍力を総合してもこれを凌駕するだけの絶対的海軍力を備えておく」とするもの。

ところが、当時のイギリスの財政は逼迫《ひっぱく》しており、とても海軍増強に回せる予算はありません。

いくら軍部が叫べど喚《わめ》けど、「ない袖《そで》は振れぬ！」とどうしても議会が首を縦に振ってくれない。

そこで〝苦肉の策〟として、本国から一番遠い極東艦隊の一部※16をヨーロッパに呼び戻し、これを対独艦隊に組み込むことで対応しようとします。

しかし、その代償として極東の守りが手薄になってしまうことは否めない。

極東では今まさにロシアが圧力を強め、大洋へ進出しようとしている最中《さなか》で、これにイギリスは危機感を感じていたものの、今は対独対策で手一杯。

――もはや背に腹は代えられぬ！

これまで「光栄ある孤立《スプレンディッドアイソレーション》」などと大上段に構えることができていたのも圧倒的海軍力があってこそ。

いまやそれが崩れはじめたとなれば、イギリスは誇り《プライド》をかなぐり棄ててでも他国の協力を仰ぐしかなくなります。

そして、ロシアの南下を抑えることができる可能性を孕《はら》んだ極東の国は「日本」以外にありません。

ここにおいてイギリスは、たとえ誇り高き「光栄ある孤立《スプレンディッドアイソレーション》」を放棄してでも、はたまた〝黄色い猿《イエローモンキー》〟と蔑む日本人と手を結ぶ屈辱を味わってでも、どうしても日本と同盟を結ばざるを得ない――という状況が生まれたのです。

こんな苦境でもない限り、イギリスが日英同盟を結ぶなどということ、天地がひっくり返ってもなかったでしょう。

こうして、日本とは何の関係もない地球の裏側で起こった〝解任劇〟が、巡り巡って日英同盟を生み、それが日本を救う結果となったのでした。

何《いず》れが是《ぜ》、何れが非

このように、歴史を紐解いていくと、どこで何が災いし、何が幸いとなるか、まったくわからないことが頻繁に起こります。

今回の日清・日露戦争でも、その連続でした。

※16　おもに威海衛《いかいえい》艦隊。

たとえば、日清戦争の黄海海戦では、〝東洋一の堅艦〟と謳われた北洋水師《すいし》※17自慢の「鎮遠《ちんえん》」を撃沈寸前まで追い込みながらあと一歩のところで取り逃してしまったため、当時はたいへん残念がられました。

ところが、そのおかげで翌年、威海衛《いかいえい》で「鎮遠」を鹵獲《ろかく》する（敵の兵器を回収する）ことに成功し、以降「鎮遠」は日本艦隊の堅艦のひとつとして大活躍することになります。

もし、あのとき「鎮遠」を撃沈してしまっていたら、翌年の鹵獲もまたなかったわけで、何が幸いするかわかりません。

あるいは日露戦争の黄海海戦では、秋山真之が絶対の自信を以て臨んだ「丁《てい》字戦法」がモノの見事に失敗します。

黄海海戦の敗北は日本滅亡に直結する性質の一戦だったため、一時は祖国存亡の危機に立たされたものでしたが、このときの経験があったからこそ、つぎの日本海海戦で〝改良型〟の丁字戦法で臨むことができ、大勝利を得ることができました。

もし黄海海戦でなまじ丁字戦法が成功していたら、「丁字戦法は無敵！」と驕《おご》り、日本海海戦で大敗北を喫していた可能性は高かったでしょう。

そうなれば、日本は滅亡していたところです。

まさにこの言葉が歴史を貫徹しています。

——人の世の万事、
何《いず》れが是《ぜ》にして、何れが非なるや、
何人《なんぴと》も解し得べきものにあらず。
（世の中、何が幸運に働き、何が不幸に働くか、誰にもわからない）

なればこそ、たとえ不幸が襲ってきても気落ちすることはありません。
それが本当に「不幸」かどうかなど誰にもわからず、ひょっとしたらそれは「不幸の仮面」をかぶった僥倖かもしれないのですから。

※17　「水師」というのは、日本語では「海軍」にあたる言葉。「北洋艦隊」のこと。

［第９章］

太平洋戦争

それは「アメリカ・ファースト」から始まった

従来の日本史観

日露戦争（1904～05年）の勝利とポーツマス条約、そしてそれにつづく日露協約[※1]によって一時は南満洲までも手中に収めたかに見えた日本。

ところが、まもなくロシア革命が起こって帝政ロシアが亡ぶ（1917年）や、ソヴィエト新政府は一方的に日露協約を破棄してきたため、その支配は不安定なものとなります。

そこで、満洲の確保とあわよくばシベリアの支配を夢想して、ソヴィエトに対して軍事行動を起こした（シベリア出兵）ものの、20万もの戦死者[※2]を出して失敗。

追い打ちをかけるようにして、まもなく蔣介石《ジャンジエシー》が「北伐《ほくばつ》（1926～28年）」を起こすと、これにより満洲はあっさりと中華民国政府に奪われてしまいます。

これに激昂した日本。

――先の大戦（日露戦争）は何のために戦ったのか！

——このままでは満洲に散った十万の英霊[※3]に申し訳が立たぬ！
——満洲は日本の生命線である！

こうした惹句《スローガン》を掲げてその奪還に燃えた日本は、ついに柳条湖《リウテヤオフー》事件[※4]（1931年9月18日）を起こし、ここに「満洲事変」が勃発します。

日本はその圧倒的な軍事力でわずか5ヶ月で満洲全土を制圧（1932年2月）することに成功したものの、こうした日本のあからさまな侵略行為に対し、アメリカが黙っていません。

時のアメリカ大統領H《ハーバート》・フーヴァーは訴えました。

「こたびの日本の軍事行動は先の九ヶ国条約・パリ不戦協定に悖《もと》るものであり、合衆国政府としてこれを認めることはで

フーヴァー

※1　第1次が1907年、第2次が1910年、第3次が1912年、第4次が1916年。第4次では軍事同盟にまで発展していたため、特に「日露同盟」ということもある。
※2　これは日露戦争の戦死者の2倍にあたる数字。
※3　日露戦争の戦死者のこと。
※4　古い文献の場合、「柳条溝」とされているものもあるが、誤り。

きない」（1932年1月 スティムソン宣言《ドクトリン》）

とはいえ、日本も一度振り上げた拳を今さら下げるわけにもいきません。

「今回の軍事行動は、満洲人の自主的独立国家の建設を支援しただけである！」

この苦しい弁明の真偽を調査するべく、国連はリットン卿《きょう》を団長とする調査団を派遣しましたが、結果はもちろん「有罪《ギルティ》」。

さらに、翌33年2月に開催された国連総会において、中国が「日本軍の満洲からの撤退」を提訴すると、

・賛成：42ヶ国
・反対：1ヶ国（日本）
・棄権：1ヶ国（タイ）

……の圧倒多数で可決。※5

当時の日本全権であった松岡洋右《まつおかようすけ》は怒りをブチ撒け、翌3月に国連を脱退、いよいよ大戦の跫音《あしおと》が近づいてきます。

日本が国連を脱退した33年は、ドイツにおいてA《アドルフ》・ヒトラーが政権を獲った年でもあり、同年10月には日本につづいてドイツも国連を脱退。

さらに37年にはイタリアがこれにつづくことになり、急速に国際情勢の雲行きが怪しくなっていきました。

そしてその年は、日本がついに「盧溝橋事件《ルーコーチャオ》（1937年7月7日）」を起こし、日中戦争へと突入した年でもあります。

とはいえ、当時の日本に大陸国家・中国との全面戦争を戦い抜く国力などなく、これは明らかに無謀。

しかしこのとき軍部は、「緒戦で連勝して南京《なんきん》を陥《お》とせば蔣介石《ジャンジエシー》は和を請うてくるだろう」という楽観的戦略構想《ビジョン》を描いていました。

ところが蔣介石は、日本軍の予想に反して南京が陥とされても、武漢《ウーハン》、重慶《チョンチン》と拠点を転々としながら徹底抗戦の構えを見せます。

これは軍部の想定外で、そこから先の戦略構想《ビジョン》など描いていませんでしたから、この瞬間、すでに日本の命運は定まったようなものでした。

※5　国際連盟の総会は多数決ではなく「全会一致」。したがって、たった1ヶ国でも反対があれば否決されるはずであるが「当事国を除く」とある。日本は当事国であるためカウントされなかった。

日本軍部の暴走が中国戦線で行き詰まりに逢着していたちょうどそのころ、ヨーロッパではヒトラー・ドイツが日本同様、暴走して孤立化して行き詰まりを感じており、ここで両者の利害が一致、やがて日・独・伊三国同盟へと発展していくことになりました。ファシズム三大国が手を結ぶことによりヨーロッパの対立と極東の対立が結びつき、それが第二次世界大戦へと帰結していくことになります。

世界史から読み解く日本史観

現在、第二次世界大戦[※6]（の欧州戦線）の原因はすべてヒトラーに、太平洋戦争の原因はすべて日本に押し付ける世界観が蔓延しています。

それどころか、こうした世界観にすっかり洗脳され、これに異を唱えようものなら、理性的・学術的反論ではなく感情論をぶつけ、「右翼」の烙印《らくいん》を押し付けようとしてくる者が後を絶たない惨状にあります。

しかしそうした人たちがしでかしていることは、「戦前において、反戦を唱える者に〝非国民〟の烙印を押して言論の自由を圧殺した人たち」とまったく同じです。

現在、どんなに同情の余地のない卑劣残忍な犯罪者であっても、裁判を受ける権利が与

※６　第二次世界大戦は大きくヨーロッパを中心とした「欧州戦線」と、中国太平洋を中心とした「太平洋戦線」に分けられ、太平洋戦線は通常「太平洋戦争」と呼ばれます。

えられ、長い時間と莫大な費用をかけて根掘り葉掘り「なぜそんなことをしたのか」と情状酌量の余地を探し出し、それを見つけては刑を軽くしていきます。

そうした法理念がまかり通っている一方で、戦前のドイツ・日本に対しては、反論の余地を与えず問答無用で「有罪《ギルティ》」とするのは、一貫性に欠けた御都合主義であり、筋が通りません。

戦前のドイツ・日本が何かしでかしたというならば、ではなぜそうしたのか、そうしなければならなかったのか、その歴史的・社会的・政治的・経済的背景を知り、理解していないならば、そもそもその人にドイツ・日本を非難する資格はありません。

そこでまずイロハのイ、そもそも「戦争とは何か」についてから見ていくことにいたしましょう。

戦争は「外交の延長」

先の大戦が終わって久しく、近年では〝平和ボケ〟と揶揄《やゆ》されることの多い日本人ですが、たしかにそうした言動が見受けられることは多い。

たとえば、ニュースなどで戦争中の国を見聞したとき、よく聞かれる言葉があります。

「ちゃんと話し合えばいいのに！」

「戦争、絶対反対！」

しかし、これほど無知をさらけ出した発言もありません。

そもそもなぜ戦争が起こるのか？

たとえば国家間に外交上の軋轢《あつれき》が生じたとします。

すると、お互いの政府は〝紛争解決の手段〟として最初に取るのが「話し合い」です。

個人間ではなく国家間の話し合いを特に「外交」といいます。

そうした話し合いにおいて、両国はあらん限りの智慧を絞って紛争解決の道を探ります。

国家元首や外交官が東奔西走して、途方もない時間と血の出るほど外交努力を重ねて話し合います。

それで解決すればよいですが、両国ともどうしても引けないということはあります。

こうして、ありとあらゆる外交努力が徒労となり、決裂した場合、〝紛争解決の最終手段〟として戦争は勃発するのです。

こうしたことを知っていれば、口が裂けても「話し合えばいいのに」などという的外れな発言は出てきません。話し合って、話し合って、話し合って、話し合い尽くした先にあるものが「戦争」なのですから。

交戦中の国の主権者に「話し合ったら？」などと言ったら、怒りを通りすぎて首をすくめ冷笑されるだけでしょう。

つまり、戦争とは「外交の延長」であり「紛争解決の最終手段」であって、断じて「絶対悪」などではありません。

「戦争と平和は表裏一体」の関係にあり、裏の存在なくして表の存在もあり得ないように、「戦争を否定する者」は「平和を否定する者」に等しいのですが、このあたりの理屈は、戦後の偏向教育にどっぷり浸かってしまっている日本人にはなかなか理解してもらえません。※7

そこで、このことについて喩え話を交えて解説していくことにいたします。

台風は「地球の解熱剤」

たとえば台風。

ひとたび発生すれば、暴風暴雨が吹き荒れ、山を崩し、川を氾濫《はんらん》させ、家屋敷を倒し、田畑を台無しにし、人命すら奪う台風。

自然と人為という違いこそあれ、「目の前で破壊の限りを尽くし、何の罪もない人々の命をも無差別に奪っていく」様だけを見れば、戦争同様「悪」にも見えます。

しかしそれは、台風の〝一側面〟だけを見た短絡的な判断です。

台風の本質を知るためには、そもそもなぜ台風は生まれるのかについて思いを巡らせなければなりません。

これに気象学的な理論《メカニズム》で答えようとすると、海水温の上昇だの、上昇気流の発生だの、気圧の低下、積乱雲の発生だの……という言葉が躍ることになりますが、そうした表面的な理屈ではなく、もっと根源的理由をいえば「エントロピー増大則」が働くためです。

※7　この点について理を尽くして説明してあげても感情が拒絶するようで、何ひとつ理で反論することなく、筆者に「右翼」のレッテルを貼り「偏った思想の持ち主」と断じてきます。自分が小中高と教師や親から叩き込まれてきた思想こそが偏っているのですが、そうした偏向教育に完全に洗脳されている人たちにその自覚はありません。「お上の御意向に従順に従う」という〝日本人気質〟は戦前から何ひとつ変わっていないと痛感させられます。

エントロピーとは「混沌・均質の度合い」を表す言葉で、秩序・偏在に近い状態を「エントロピーが小さい」、混沌・均質に近い状態を「エントロピーが大きい」と表現し、宇宙に存在するすべてのものは例外なく「秩序から混沌へ」「偏在から均質へ」と向かう性質があり、これを「エントロピー増大則」といいます。

もし宇宙のどこかで「秩序」「偏在」が生まれれば、かならずこれを打ち消そうとする力が生まれ、「混沌」「均質」へと向かいます。

台風の話に戻しますと、日本に夏が近づいてくる時期、地球の赤道付近に太陽熱が溜まり（熱の偏在）、エントロピーの縮小が起こります。

縮小が起これば それはかならず増大に向かい（エントロピー増大則）、偏ったエネルギーを均一化させるための〝作用〟が生まれます。

それが「台風」です。

つまり台風とは、地球のエネルギーバランスを保つための作用にすぎないのであって、善とか悪とか、そういう次元の存在ではありません。

これを〝悪者扱い〟して科学の力で封じ込めようとする研究もあるようですが、もし本当にそんなことが可能になったとして、それを実行に移したらどうなるでしょうか。

火にくべたやかんの口を塞げばどうなるか。

子供でもわかりそうなものです。

宇宙法則「エントロピー増大則」を人工的にむりやり抑え込むのですから、地球規模のエネルギーの偏在（エントロピー縮小）がどんどん進み、やがて臨界点に達したとき、台風被害など及びもつかない、人類の存続すら危ぶまれるような大災害が地球規模で襲うことになるでしょう。

物事、「目の前に被害があるから、それを力ずくで抑え込めばよい」というものではないのです。

そんな愚かなことをすれば、さらに大きな災害が襲ってくるだけです。[※8]

ヒンドゥー教の神「破壊神《シヴァ》」

もうひとつ例を挙げましょう。

※8　本書の第６章でも学んだ、プレーリードッグが被害をもたらすからといってこれを全滅させたアメリカ人の末路を思い起こしてみても明白です。

日本人にはあまり馴染みのないヒンドゥー教ですが、この宗教にはたいへん興味深い、含蓄に富んだ教えがいくつもあります。

ヒンドゥー教では、宇宙の成り立ちに重要な意味を持つ神様が三柱《さんにん》※9おられ、まず最初の神が、今我々が住まうこの世界（宇宙）を創造し給《たも》うた創造神ブラフマー。

創造神は一神教であれば「唯一絶対」「全智《ぜんち》全能」「完全無欠」「神聖不可侵」「無誤無謬《びゅう》」となりますが、ヒンドゥー教では「世界を創ってくれたありがたい神だけどすでに用済み」的な扱いを受けて今ひとつ影が薄い。

つぎに、世界が徐々に悪に染まっていくのを阻止するべく、日夜悪魔と戦ってくださっている維持神ヴィシュヌ。

この神様は進行形《リアルタイム》で御利益《りやく》のある神様ですから、高い人気があります。

しかし、もっとも人気が高いのは最後に控える破壊神シヴァ。

この神様は、宇宙開闢《かいびゃく》から現在に至るまで、創造神《ブラフマー》がこの宇宙を創造されていたときも、維持神《ヴィシュヌ》が必死に悪と戦ってくださっている今現在も昏々《こんこん》と眠りつづけている神様で、人間にとって何ひとつ御利益《りやく》のない神様。

いいえ、人畜無害ならまだましで、〝ある契機《きっかけ》〟でひとたび目覚めたが最後、世界が灰燼《カオス》に帰すまで破壊の限りを尽くすおそろしい神です。

我々人間から見れば、神というより悪魔、いえ、悪魔以上によりおそろしい存在なのですが、その目覚める契機《きっかけ》とは、「世界が完全に〝悪〟に染まりきってしまった瞬間《とき》」。

したがって、我々が〝悪〟に染まりきってしまわない限り、けっして目覚めることはありません。

つまり――

維持神《ヴィシュヌ》は「つぎつぎと生まれてくる悪を除くことで世界の浄化を図る神様」。

破壊神《シヴァ》は「宇宙そのものを抹殺することで世界の浄化を図る神様」。

人間視点で見れば、破壊神《シヴァ》は「自分たちに対して殺戮の限りを尽くす〝悪魔そのもの〟」にしか見えませんが、宇宙全体から見れば「維持神《ヴィシュヌ》ですら退治できない絶対悪（人間）を根絶し、最終的に世界を浄化することができる唯一無二のありがたい存在」となります。

これを「建築物」で喩えるとこうなります。

※9　神様の助数詞は「柱」で、「ひとり」「ふたり」ではなく「ひと柱」「ふた柱」と数えます。でも一般的にはあまり馴染みがないため、ここでは「三柱」と書いて「さんにん」とルビ打ちしています。

——建築物は建てられた瞬間から劣化が始まりますので、これを長持ちさせるためには定期的に補修《メンテナンス》を施す必要があります。

しかしそれにも限界はあり、一定の年月が経てば全体的な老朽化が激しくなり、とても補修《メンテナンス》では追いつかなくなるときはやってきますので、そうなったときには崩壊の危険を避けるためにも、いったん建物を壊して更地とし、新しい建物に建て替えるしかありません。

このとき最初に建築物を建てた大工が創造神《ブラフマー》、修繕人が維持神《ヴィシユヌ》、そして最後にやってくる解体業者が破壊神《シヴァ》となりますが、このとき解体業者は「悪」でしょうか。

戦争と平和は表裏一体

さらにこれを、最初に説明した「国際外交」にも当てはめて考えてみます。

——国際政治の場において国家間の対立（悪）が生まれると、なんとかこれを解消するべく外交官（ヴィシュヌ）が東奔西走して協議・交渉・折衝に尽力する。

しかし、そのすべての努力むなしく決裂したとき、初めて戦争（シヴァ）が勃発する。

もう説明は要らないでしょう。

たしかに戦争というものは、人間活動のあらゆる悪という悪が結集したような存在かもしれませんが、それでも戦争は「絶対悪」ではなく「必要悪」です。

戦争とは「それ以外に平和を取り戻す方法がなくなったとき」、平和を取り戻す最終手段として生まれるものだからです。

つまり、繰り返しになりますが、「戦争を否定すること」は「平和を否定すること」と同義なのです。

これは本書でも何度も主張してきた「世界はすべてでひとつ」という理念にも通じ、戦争と平和もまた独立した別々の存在ではなく、表裏一体。2つでひとつ。

戦争が平和を取り戻し、平和が戦争を誘発させる。

人類の歴史はこの繰り返しといってもよいくらいです。

もはや戦争以外の紛争解決の手段がないにもかかわらず、「戦争反対！」と感情論でこれを避けつづけた場合、戦争よりももっと悲惨な歴史が待ち受けることになります。

台風がいやだからといって、これを科学の力で発生させなかったらどうなるか。

老朽化した建物を壊したくないと倒壊寸前の建物に住みつづけたらどうなるか。

こうした破壊神《シヴァ》（戦争）の性質・存在意義を知らぬ者は、今日の前で自分たちの世界を破壊していく破壊神《シヴァ》（戦争）そのものを呪いますが、破壊神《シヴァ》（戦争）はあくまで〝世界が悪に染まりきって修正不能となったときの唯一の浄化作用〟であり〝世界の均衡《バランス》が破れたとき、その均衡《バランス》を元に戻すために起動する調整機能〟にすぎないのですから、糾弾されるべきは戦争そのものではなく、そもそもそれ（破壊神《シヴァ》）を目覚めさせた根源です。

破壊神《シヴァ》を目覚めさせた元凶

太平洋戦争とて例外ではありません。

太平洋戦争もある日突然何の脈絡なく勃発したものではなく、長い時間をかけ、多くの国の利害と駆引が複雑に絡み合い、膨大な外交交渉が折り重なりながら、それがついに決裂したとき目覚めた〝破壊神《シヴァ》〟です。

では、何が破壊神《シヴァ》（太平洋戦争）を目覚めさせたのか。

そこにこそすべての〝元凶〟が潜んでいるのであって、何とかのひとつ覚えで、「侵略戦争を起こした日本が悪い！」という短絡思考ではなく、「そもそもなぜ日本は戦争を始めたのか」という本質を知らなければなりません。

そしてそれを知るためには、やはり日本史の枠内から飛び出して、少なくとも20世紀初

頭の世界史を振り返らなければなりません。[※10]

中世までは「領主の戦争」

暦《こよみ》の上では「20世紀は１９０１年から始まる」ことになりますが、歴史的には「第一次世界大戦（１９１４〜１８年）」とともに幕開けたといっても過言ではないでしょう。

戦争自体は太古の昔から行われてきましたが、第一次世界大戦は人類がこれまで経験したことのない、まったく新しい型《タイプ》の戦争であり、「19世紀以前」と「20世紀以降」の世界観をガラリと変えてしまった戦争でもありました。

中世までの戦争というのは、あくまでも前線で戦うのは領主で、開戦理由も領主の都合、戦勝による受益者も領主で、そこに「国民」は不在でした。

したがって、戦争を始めるのも終わらせるのも領主の皮算用ひとつで決まりましたから、戦《いくさ》をするにしても、自分の荘園《しょうえん》経営に支障のなきよう、原則として農閑期にしか行いませんでしたし、輜重《しちょう》（戦争に必要な軍需物資）は戦前の備蓄のみで賄《まかな》われ、農繁期が近づ

※10　本当はもっともっと遡らなければ真の理解にはほど遠いのですが、紙幅の関係もあり最低限。

いたり、備蓄を消耗しきってしまえば、終戦に向かいます。

たかが「目先の小さな利権」のためにドロ沼の戦争をするなど、道ばたに落ちていた千円札を奪い合って殺し合い、瀕死の重傷を負うようなもので、割に合わないからです。領主もバカではありませんから、自分が損をするような戦《いくさ》はしません。

したがって、このころの戦争とは「雌雄を決するまでとことん戦う」という類のものではなく、「優劣がはっきりしたら傷の浅いうちに和睦《わぼく》」するため、戦争が長期化することはほとんどありませんでした。※11

こうした戦争を「領主（貴族）の戦争」と呼び、領民は勝とうが負けようが自分たちの生活にはほとんど影響がなかったため、自国の勝敗にすらさしたる関心も持たないという有様だったのです。

近世は「国王の戦争」

ところが、近世に入って支配体制が封建体制から「絶対主義」体制へと移り変わったことで、戦争形態にも変化が生じます。

絶対主義を支えるために「常備軍」が創設されたことで、農閑期・農繁期にかかわらず長期戦が可能となってきたためです。

したがって、中世のころよりは戦争が長期化しやすくなりましたが、それでも徹底的に戦うということはなく、適当なところで手打ちとする点において「領主の戦争（中世）」も「国王の戦争（近世）」も本質的に変わるところはありません。

つまりこのころまでは、戦争が「あくまでも外交の延長」「平和を勝ち取るための最終手段」だということをちゃんと認識できていたということです。

現代は「国民の戦争」

こうした〝正しい戦争認識〟が徐々に歪《ゆが》められていくのは、近代に入ってからです。きっかけは「国民《ネイション》」の誕生でした。

話が主題からずれてしまうため今回あまり詳しい解説は避けますが、近代に入るまで「領民」がいるだけで「国民《ネイション》」はいません。

※11　たとえば、有名な「百年戦争」においても「間断なく戦っていた」というわけではなく、「少し戦っては休戦、少し戦っては休戦」を繰り返していたにすぎません。

じつは、絶対主義を支える常備軍には莫大な維持費がかかったため、これを財政面から支えるべく「重商主義」という経済政策が採られましたが、その政策の中で絶対主義王権から保護されて育まれていったのが「市民《ブルジョワ》」階級です。

つまり、絶対王権こそが市民《ブルジョワ》を育てたのですが、その市民《ブルジョワ》階級こそがやがて「市民《ブルジョワ》革命」を起こして絶対主義を倒すことになるのですから歴史の皮肉です。

あの有名な「フランス革命」も市民《ブルジョワ》革命のひとつですが、これによって絶対王権が打倒されただけでなく、貴族や身分制度までも打倒されてしまいます。

貴族がいなくなれば、彼らによって構成されていた職業軍人がいなくなってしまいますので、身分がなくなったことで新たに生まれた「国民《ネイション》」が自ら武器を持って戦わざるを得なくなりました。

これが「国民軍」です。

平時においてはパン屋の親父やブドウ畑のおっさんたちが、一朝事あるとなれば、無給・手弁当でやってきて命を賭けて戦ってくれるわけですから、彼らを動かすような〝大義名分〟がなければ、彼らは動きません。

どうしても政府は、彼らが家庭を放り出して戦場に駆けつけてくれるだけの「理由」を提示しなければならなくなりました。

そこで政府は、「正義のため！」「国民のため！」「民主主義を護るため！」と嘘八百の政治宣伝《プロパガンダ》を並べ立てるようになります。

まさか「国王や政治家、はたまた一部の富裕層が私腹を肥やすため」などという〝本当の理由〟は口が裂けても言えません。

慧眼《けいがん》チャーチル

このように「国民軍の戦争」はどうしても〝建前〟と〝本音〟が乖離《かいり》してしまうため、戦争をやめる〝落とし処〟を見つけることが困難になります。

「正義のため」「国民のため」という建前で戦ってるのに、適当なところで戦争を手打ちにしたら、「我々に正義はないのか！」「国民を見棄てるのか！」「正義のために戦っているのは嘘だったのか！」となり、国民の怒りを買ってしまうためです。

こうして「国民の戦争」は〝徹底抗戦〟とならざるを得ず、男は前線で銃火の中を駆け回り、女は軍需工場で精を出し、国民総出《ネイシヨン》で戦争に貢献し、すべての国力が尽きるまで戦いつづけることになります。

これを「総力戦」といい、人類は「第一次世界大戦」で初めてこれを経験することになりましたが、それはこうした歴史的背景の中で起こるべくして起こったものだったのです。

ちなみに、第一次世界大戦が勃発する13年も前に、こうした悲劇を予言した人物がいます。

チャーチル

W《ウィンストン》・チャーチルです。

――〝国民の戦争〟は〝国王の戦争〟などよりはるかにおそろしい。

ひとたび〝国民の戦争〟が起こったならば、敗戦国が荒廃するのは当然、戦勝国ですら致命的な混乱と疲弊をもたらすことになるだろう。

このときのチャーチル、政治家としてはまだぺいぺいの弱冠27歳。

この若さにして、来たるべき戦争の本質を見抜いていたのですから、その慧眼《けいがん》たるや驚くべきものがあります。

第一次世界大戦は、敗戦国ドイツを荒廃させたのはもちろん、戦勝国の英仏ですら、致命的な混乱と疲弊をもたらしたのですから、まさにチャーチルの予言通りとなりました。

クレマンソー

19世紀の老害、クレマンソー

しかし、人類史上空前の大戦となった第一次世界大戦も、これからやってくる悲劇の〝前座〟にすぎなかったとは、チャーチルも見抜けていたでしょうか。

その悲劇の根源には、フランス首相G《ジョルジュ》・クレマンソーが「第一次世界大戦（総力戦）の意味」をまったく理解できていなかったことがありました。

彼は19世紀に生まれ、19世紀に揉まれてきた政治家です。

19世紀の世界観の中では、彼はすぐれた政治家だったのかもしれません。

しかし、彼は「20世紀」という新時代の到来をまったく理解できなかったのです。

理解できないままこの20世紀新時代に「残滓《ざんし》と化した19世紀の戦後処理」で臨んだのです。

翌年に開催された「パリ講和会議」では慣例に則《のっと》り、クレマンソーはドイツに対して莫大な戦争賠償を要求します。

その額たるや、フランス1ヶ国だけで「1110億金マルク」という天文学的数字。

——戦費と戦争損害を敗戦国に賄《まかな》わせる。

19世紀までなら、そうした要求も当然だったでしょう。

「領主（国王）の戦争」の時代は賠償金額も大した額ではありませんでしたし、戦後も敗戦国に賠償能力が残っていましたから。

しかし今回は「総力戦（国民の戦争）」。

国家と国家が朝野を挙げて国力のすべてを出し尽くして戦い抜いた大戦です。

敗戦国《ドイツ》は焦土と化し、政府は崩壊し、経済も破綻。

ドイツ国民が「今日」という日を生きていくことすらままならない潰滅状態にあって、賠償能力などあろうはずもありません。

にもかかわらず、クレマンソーは頑としてこの莫大な賠償金要求を曲げません。

これには米英も呆れ返り、必死に彼を説得します。

「今のドイツにそのような賠償能力などないし、

あまりドイツを追い詰めすぎては、将来に禍根《かこん》を残すことになりかねない。※12

ここはむしろドイツ経済を復興させて、貿易を正常化させた方が得策である！」

しかし、クレマンソーは首を縦に振ることなく、結局、戦勝国全体で「１３２０億金マルク」という賠償金額[※13]となってしまいました。

これは、当時のドイツの国家予算の18年分にも相当し、返済能力をはるかに超えた理不尽きわまりないもので、これこそが20年後の第二次世界大戦への導火線となっていきます。

戦勝国も敗戦国も共倒れ

昔の人はよく言ったものです。

――大欲は無欲に似たり。

――蛇《くちなわ》の口裂け。

欲張りすぎては結局何も得られないどころか、むしろ損をするものです。

現実を無視した賠償金要求をされたとて、ドイツもない袖は振れませんから、たちまち

※12　実際、その懸念通りとなり、こうした戦後のドイツに対する扱いがヒトラーを産み落とし、第二次世界大戦を引き起こす結果となります。

※13　あまりにも非現実的な数字であったため、のちに97・８％割引の「30億金マルク」にまで減額されましたが、その額ですら、完済したのは戦後92年も経った２０１０年のことでした。

返済は滞《とどこお》ることになりましたが、戦勝国もこの総力戦で経済はガタガタ、アメリカに莫大な借款を負って債務国（赤字財政）へ転落しており、そのうえドイツからの返済も滞るとなれば、あたかも敗戦国のような様相を呈するようになります。

本当の意味で〝戦勝国〟といえたのは、アメリカくらいのもの。

開戦時には大海の向こうから〝洞ヶ峠《ほらがとうげ》※14〟を決め込んで戦争特需で莫大な利益を得、両陣営が満身創痍《そうい》となってから介入して戦勝国の仲間入りを果たして、旨い汁だけを吸うことに成功したためです。

狂騒の20年代《ローリングトウエンティ》

こうして戦勝国・敗戦国が〝共倒れ〟していく中、戦後〝ひとり勝ち〟状態のアメリカは、以後10年（1919〜29年）にわたって「狂騒の20年代《ローリングトウエンティ》※15」といわれる空前の繁栄期を迎えます。

戦前までロンドンだった国際金融の中心地はニューヨークへと移り、世界の富がアメリカに集中し、マンハッタンには摩天楼がつぎつぎと建ち並ぶようになり、人々は野球《ベースボール》・拳闘《ボクシング》・音楽《ジャズ》・舞踊《チャールストン》・歌劇《ブロードウエイ》などの娯楽に熱狂し、工場では日々大量生産が行われ、それを大衆が大量消費で買い支えます。

さらには、大衆の購買欲を効率よく満たすため「通信販売」が普及し、都心から離れた田舎《いなか》にあっても都会の人たちと変わらぬ生活必需品が手に入るようになり、また「分割払い《ローン》」が導入されたことで、自動車・家電・一軒家など、かなり高価なものでも一般大衆の手の届くようにして、大衆の購買力をさらにくすぐる。

まさに、現代の大衆社会の〝原型〟がここに生まれたのでした。

しかし。

人間の欲望には際限がありません。

一度こうした享楽的・頽廃《たいはい》的生活を覚えると、人々はさらなる享楽を求め、やがては収入に見合う、身の丈にあった生活ができなくなっていくものです。

さらなる贅沢《ぜいたく》はしたいが、収入《インカム》は頭打ち。

すると人々は、右肩上がりをつづける株価に目を付け、借金してまでこれを買い漁《あさ》り、

※14　敵対している両陣営のどちらに味方するでもなく形勢を窺うこと。「1582年の山崎合戦にて、筒井順慶《つついじゅんけい》が洞ヶ峠で形勢を窺った」という故事より。

※15　「狂乱の20年代」「黄金の20年代」とも。フランス語圏ではこれを「狂気の時代」と呼んだ。

自分たちの享楽費の資金源とするようになります。

これが後押しとなってさらに株価は上がりつづける。

こうした一種の〝狂気〟が社会に蔓延《はびこ》っていたちょうどこのころ新大統領に就任したのがH《ハーバート》・フーヴァーでした。

彼は、その所信演説で国民にこう約束したものです。

——我が合衆国は永遠に繁栄しつづけるだろう！

しかし。

人々が自分の所得《インカム》以上の贅沢を望むようになったとき、すでに破局は近い。

世界大恐慌、勃発

そもそも〝無〟から〝富〟が湧き出してくるわけがなく、「ただカネを右から左に動かしているだけ」の株式売買《マネーゲーム》で万民が儲かるはずがありません。

そんな小学生でもわかりそうなカンタンなことすらわからなくなるほど〝狂気の時代〟だったとも言えます。

そんな狂気の日々が長くつづくわけもなく、崩壊の跫音《あし》は刻一刻と迫ってきていました。

〝光〟が強ければ強いほど〝影〟は濃くなるもの。

バネは引っぱれば引っぱるほど、それが切れたときの衝撃は大きいもの。

経済繁栄もそれが長くつづけばつづくほど、ひとたび破綻が起こったとき、それは悲惨かつ長いものとなります。

１９２９年10月24日、木曜日。

それはついにやってきました。

戦後10年間にわたって上がりつづけてきた株価が突如暴落を始めたのです。

昨日まで羽振りのよかった企業もバタバタと倒産に追い込まれ、銀行すら取り付け騒ぎを起こしてつぎつぎと倒産、失業者は街に溢《あふ》れ返り、株に手を出していた人々はもちろん、分割《ローン》を組んで家や自動車などを買い込んでいた人々はたちまち破産に追い込まれていったのでした。

アメリカ、世界を見棄てる

こうして、昨日まで自分たちが「楽園《パラダイス》」と思って過ごしていた場所は、朝起きてみれば、知らぬ間に「地獄《ゲヘナ》」に堕とされていたのだ、と思い知らされます。

しかしそれは、ありもしない幻想を追い、身の程をわきまえぬ贅沢をし、楽して儲けようとマネーゲームに走った報いであり、因果応報・自業自得といってよいものでした。

にもかかわらず、彼らがその「報い」をすべて他国に押し付けようとしたことが、以降、世界を地獄に引きずり込むことになります。

戦後、圧倒的な経済力を誇り、世界経済を牽引してきたアメリカが転《こ》けたのですから、その影響はただちに世界を奈落《ならく》の底に突き落とすことになり、英仏はもちろん、とりわけドイツは悲惨な経済状況に追い込まれていきました。

29年から始まった世界恐慌は、以降4年間、悪化の一途を辿り、一向に出口が見えてこなかったため、事態の打開のためにはもはや1ヶ国ごとにどうこうできる問題ではなく、世界の主要各国が協力しなければならないという気運が高まります。

となれば、その国際会議の主催者は、事の元凶であると同時に、超大国のアメリカをおいて他に考えられませんが、一向に手を挙げぬアメリカに業を煮やしたイギリスが、ついこの間まで世界金融を牽引してきた矜持《きょうじ》を示して、1933年「世界経済会議」を主催、事態の打開を図ることになりました。

とはいえ、本会議の成功の是非は、超大国アメリカの〝胸三寸《むねさんずん》〟にかかっていましたから、自然、世界の耳目《じもく》がアメリカの動向に集まります。

ところがアメリカは、「アメリカ第一《ファースト》主義」を前提として、世界協調を拒否、これによって会議は流れてしまいました。

これはつまり、アメリカははっきりと世界に向けて「アメリカは世界を見棄てる！」と宣言したことを意味します。

ブロック経済へ

以降、アメリカは「ブロック経済」へと邁進していきます。

ブロック経済とは、自国通貨（アメリカの場合「ドル」）圏だけでブロックを組み、そのブロック内では特恵《とっけい》関税を与えて自給自足体制を築きつつ、第三国に対しては高関税を課すことで他国の利益を吸い上げて自国の安定のみを考える――というもので、もっとわかりやすく噛みくだいて表現すれば、こういうことです。

――他国の富を吸い尽くし、これを踏み台としてこの難局を乗り切る！

それによって他国民が餓死しようがどうしようが、知ったことか！

そもそも！

こたびの恐慌の原因はアメリカにあることはすでに見てきた通りです。

その災いが世界中の国に降りかかっているというのに、その責任を取ろうとしないどころか、これを世界に押し付け、自国だけ安泰たらんとした醜《みにく》い姿、それこそが「ブロック経済」です。

この惨状を救う力があるとしたらアメリカ以外考えられませんでしたし、それ以上にアメリカはその責任と義務を負っていたはずです。

自分のケツも自分で拭けず、他人に拭かせようとして悪びれる様子もない鉄面皮《てつめんぴ》ぶり。

こうしたアメリカの態度に世界は失望し、「アメリカがそのつもりならば！」と英仏もぞくぞくこれに追従してブロック経済を採用。

こうして世界を牽引し得る米・英・仏がこぞって「世界」を見棄て、その富を吸い尽くして生き残りを図るという挙に出たのでした。

見棄てられた国の生き残り策

こうなると、見棄てられた国の採るべき道は多くありません。

・このまま座して米・英・仏の食い物とされるがまま、累々と餓死者を束ねるか。
・自らもブロック経済を採るため生存圏[※16]の獲得を目指すか。

これは二者択一《オルターナティブ》ですらない、事実上の一択ですが、ブロック経済を実行したくとも、自活できるだけの植民地（生存圏）を有している国でなければそもそも実行できません。

しかし、イタリア・ドイツ・日本は大戦後のヴェルサイユ条約ですべての海外植民地を剝奪されていましたし、イタリア・ドイツ・日本は戦勝国に与《くみ》していたとはいえ、植民地は少なく、とてもブロック経済ができるほどの規模ではありません。[※17]

となれば、採るべき道は事実上ひとつ。

ブロックが組める規模の植民地——すなわち「生存圏」を獲得する！

なければ奪う！

「持たざる国」が生き残るためには、これしか道はありません。

※16　ブロック経済が維持できるだけの勢力範囲のこと。
ドイツではこれを「レーベンスラウム」、日本では「大東亜共栄圏」と呼んだ。

※17　ブロック経済が維持できるほどの植民地（生存圏）を有していた国（米・英・仏）を「持てる国」、有していないためこれから生存圏の獲得を目指す国（日・独・伊）を「持たざる国」と呼びます。

同時に、それを実行に移すためには挙国一致で臨むしかなく、必然的に独裁国家とならざるを得ません。

ドイツにA《アドルフ》・ヒトラー、日本に東条英機《とうじょうひでき》、イタリアにB《ベニート》・ムッソリーニと、これら「持たざる国」に一斉に独裁者が現れたのはこうした歴史的背景から生まれた必然であって、ヒトラー個人が如何に望もうとも、こうした歴史的背景なくして、彼が独裁者になることなどあり得ません。

彼らとて〝時代の申し子〟にすぎないのです。

1920年代の日本

さて、こうした歴史的背景を踏まえたうえで、もう一度、簡単に第一次世界大戦後の日本を振り返ってみます。

第一次世界大戦直後こそ束の間の好景気に沸いた日本でしたが、それも戦後2年と保たずに破綻（1920年）。

これを皮切りにして、追い打ちをかけるように関東大震災（1923年）、金融恐慌（1927年）などが立てつづけに起き、28年にはあれだけ苦労して手に入れた満洲を失ってしまいます。

20年代の日本はまさに踏んだり蹴ったり、急速に経済が衰退していった時期でした。

そしてその20年代といえば、まさにアメリカが「狂騒の20年代《ローリングトウエンティ》」を謳歌していたころでしたから皮肉なことです。

そしてさらに翌29年、アメリカで世界大恐慌が発生するや、ただでさえ弱体化していた日本経済にトドメを刺す一撃となり、都市では失業者が溢れ、農村では婦女子の身売りが横行する惨状となります。

ここまで追い詰められた日本にひとつの声が高まっていきます。

――嗚呼《ああ》、満洲さえあれば！

勝てる見込みなどほとんどなかった日露戦争を10万の犠牲を払って勝ち取った満洲！

それが、この前年に中国に奪われてしまっていました。

――満洲は日本の生命線である！

こうして日本は、世界大恐慌から2年後の31年、ついに柳条湖《リウテヤオフー》事件を起こして満洲事変に突入、これを奪還することに成功します。

しかし。

これが〝地獄の一丁目〟でした。

あとはようやく手に入れた満洲を護るため、33年には国連を脱退、37年には日中戦争が誘発され、この日中戦争が泥沼化すると、これを戦い抜くために南進策が採られ、そしてそれが太平洋戦争へと無制限に戦線が拡がっていくこととなり、破滅に向かって驀進《ばくしん》していったのは周知の通りです。

慧眼　石橋湛山《いしばしたんざん》

このように日本は、「十万の英霊に申し訳が立たぬ」を合言葉として満洲に執着しつづけました。

その結果、どんどん戦線が拡がっていき、ついには新たに〝300万の英霊〟を出すことになったのです。

——小利を貪《むさぼ》り大利を失う。

人は「目先の小さな利に執着して大損する」ことがありますが、この20年代の日本はまさにその典型だったと言えます。

しかし、こうした満洲への熱望が渦巻く中、満洲が「小利」となって「大損」しかねな

石橋湛山

い情勢をいち早く看破し、警鐘を鳴らした人物がいました。

それが石橋湛山《いしばしたんざん》です。

彼は『東洋経済新聞』の社説「一切を棄つるの覚悟」でこう述べています（抄訳）。

――むしろ何もかも棄ててかかるのだ。

例えば満洲を棄てる。山東《シャントン》を棄てる。

また例えば、朝鮮に、台湾に自由を許す。

さすれば、英国にせよ、米国にせよ、非常の苦境に陥るであろう。

これが一番の、そして唯一の道であるが、今の我が政府や国民の考え方では、この政策は採れそうにもない。

その結果はどうなるか、わかっておる。

どこまで行っても失敗に失敗を重ねるだけだ。

国民がこぞって「満洲！」「満洲！」と絶叫する中で、その空気《ニューマ》を破ってこれほどの冷静かつすぐれた考えを持ち得たとは、石橋湛山の慧眼には感服させられます。

しかしながら、歴史はたったひとりの慧眼の意見が反映されることはほとんどありません。

なんとなれば、凡人には慧眼の意見などまるで理解できないからです。

こうして日本は「正しい道」が示されながら、これを黙殺して奈落へと突き進んでいったのでした。

「窮鼠《きゅうそ》猫を嚙む」は誰が悪い？

では、そうして正しい選択ができず、戦争にひた走っていった日本は「悪」だったのでしょうか。

そこで最後にひとつ、喩え話をいたしましょう。

猫がネズミを追い回し、ついに袋小路に追い詰めたとき、逃げ道を失ったネズミが猫に飛びかかって嚙みついたとしたら、ネズミが悪いのでしょうか。

20世紀前半の〝持たざる国（日・独・伊）〟がまさにこのときの「ネズミ」で、〝持てる国（米・英・仏）〟が「猫」です。

猫はネズミに奇襲を喰らって嚙みつかれはしたものの、所詮地力の差は歴然、ネズミを喰い殺し、そのあとで他のネズミたちの前で宣言します。

「このネズミはとんでもない悪いやつだ。

この俺に突然嚙みついてきたんだからな！

だから、この俺が成敗してやったのだ！」

その前に猫がネズミを追い詰め、喰らおうとしていた事実には一切触れず。

喰いちぎられ、屍《しかばね》となったネズミには反論の余地すら与えられぬまま、それを聞いた周りのネズミどもは、口々に猫を礼讃しはじめます。

「なあんだ、あいつは悪いやつだったのか。

そりゃ、猫さんに喰われても自業自得だよね！

猫さんは悪いネズミを退治してくれたんだね！

猫さん正義！　猫さん万歳‼」

猫はネズミから褒《ほ》め讃えられながら、後ろを向いて肩を震わせて笑いをこらえます。

歴史は勝者によって紡《つむ》がれる

ここに登場する〝猫を礼讃する愚かなネズミ〟になりたくなければ、つねにこの言葉を銘肝《めいかん》しておく必要があります。

――歴史は勝者によって紡《つむ》がれる。

つねに戦争に勝った者が自らを「正義」と位置づけ、自国がしでかした悪虐三昧《ざんまい》を隠匿《いんとく》するか、敗者に責任を押し付けた歴史観を流布《るふ》させます。

したがって、「歴史」はかならず勝者を正義として語り、敗者を悪として語ります。

しかしだからといって、客観的事実として勝者がかならず正義かとなると、それは別問題です。

ヒトラーや東条英機があらゆる悪を一身に背負わされているのは、それが客観的事実だからではなく、敗けたからにすぎません。

アメリカが「正義の国」などと言われているのは、それが客観的事実だからではなく、勝ったからにすぎないのです。

そもそも歴史に「正義」も「悪」もない

それでは、勝者はかならず「悪」かというと、事はそう単純でもなく、じつのところ善悪の価値判断はすべては相対的なものであって、究極的には歴史に「正義」も「悪」もありません。

先の「窮鼠と猫」の喩え話で言えば、ネズミから見れば、猫は自分を喰おうとする「悪そのもの」ですが、猫にしてみればその日の食事をしようとしているにすぎません。

逆に、猫から見れば「あの野郎、エサの分際で俺様に嚙みつきやがって、とんでもねぇ野郎だ！」と怒り心頭かもしれませんが、ネズミにしてみればここで喰われるわけにはいきませんから必死になって抵抗しただけです。

どちらが悪いという次元の話ではないのです。

同じように、たしかにアメリカは世界大恐慌を引き起こした張本人のくせにその責任を取ろうともせず、これを世界に押し付けてきたことは、責任を押し付けられた小国から見れば「悪そのもの」です。

しかし、アメリカにしてみれば、大恐慌を生き残るために他国のことに構っている余裕もなく必死だったのでしょうし、またこのようにしてアメリカに追い詰められた「持たざる国」も生き延びる権利があるのは当然のことです。

それを「悪」という者は、これらの国に「黙って亡びろ」と罵《ののし》っているのと同じですが、誰がそんな要求をする権利を持つというのでしょうか。

最後に

本書では「歴史を多面的に見る」ということをテーマとして筆を進めてまいりましたが、その中から「世界はすべてでひとつ」という定理が浮かび上がってきました。

日本史と世界史が別々にあるのではなく、日本史と世界史でひとつ。
戦争と平和でひとつ。
正義と悪でひとつ。
幸と不幸でひとつ。
災難と僥倖でひとつ。
相反する存在に見えるものもすべて表裏一体、2つでひとつ。

人類最古の哲学・ウパニシャッド哲学にある教えにも「梵《ぼん》我《が》一如《いちにょ》」という悟りの境地があります。

我々は通常、「内なる自分」と「外なる世界」を分けて考え、その外界に「敵」と「味方」を作って生きていますが、ウパニシャッド哲学では、その誤りを指摘します。

——我《アートマン》（私という存在本質）と梵《ブラーフマン》（宇宙の根本原理）は別々の存在ではなく一如（2つでひとつ、表裏一体）である、と。

この世界に存在しているものはすべて相対的な存在であり、絶対的な存在、独立した存在はひとつとしてなく、ただ渾々淡々《こんこんたんたん》と「エントロピー増大則」が働いているのみです。

人間は「偏在と秩序」を好みますが、宇宙はつねに「均質・混沌」へ向かう〝神の摂理〟が働いており、何人《ぴと》たりともこれに抗《あらが》うことは叶いません。

どんなに頑丈な建築物（偏在）を建てようともいつかはかならず倒壊（均質）するように、どんなに苦労して平和（秩序）を打ち建てようとも、平和を勝ちとった瞬間から社会は戦争（混沌）へと向かっていくのであって、これを防ぐ手立ては存在しません。

人間はそうした〝神の摂理〟に翻弄《ほんろう》されながら必死に藻掻《もが》き生きる。

そうした事実があるだけで、そこに善も悪もないのです。

しかし、それを側面的・部分的・恣意的に見るから、見方によって善にも見えるし悪にも見えてしまう。

そしてその誤解が不毛な争いや対立を生み、つぎなる戦争の原動力となっていくのです。

本書によって、物事はすべて多面的に学ぶこと、考究することの重要性を悟ってくれたなら、筆者本懐の極みです。

文庫版あとがき

2017年に本書が初めて上梓されるや、各方面から賛辞と高評価を戴《いただ》き、このたびは文庫本化していただく運びとなり、感謝に堪えません。

本書を初めて手にした方は、本書を読み終えて何を感じたでしょうか。

よく勘違いされていますが、本というものは「ただ読めば教養が高まる」というものではありません。

たとえ何万冊の本を読もうとも〝質〟の悪い読書をされているなら、それが教養に昇華することはけっしてありません。

教養を高めるために必要なものは〝読書量〟ではなく「正しい読書姿勢」にあるからです。

具体的には――

①第一に、自分の興味がある分野だけではなく、幅広い分野の本を読むこと。

本書においても、「日本史」の理解を深めるために「世界史」的観点を用いたのみならず、歴史学すら飛び越えて地理学・考古学・社会学・地質学・気候学・天文学・物理学・哲学などを総動員して「日本史の本質に迫る」ことを試みました。

日本史に限らず、すべてのことは「多面的に把《とら》える」ということができなければ、その本質を摑むことは不可能であるためです。

これに対し、「自分の興味がある分野の本だけピンポイントで読み漁り、他の分野の本にはまったく興味を示さない」という人は「論語読みの論語知らず」に陥ります。
②第二に、その本に書かれた〝有益な内容〟を抽出することに力を注ぎ、その本で見つけた誤謬《ごびゅう》は気に止めない。
そもそも「まったく非の打ちどころがない完璧な書物」など、この人類悠久《ゆうきゅう》の歴史の中で一冊たりとも存在しません。

〝歴史の父〟ヘロドトスの書いた『歴史』も、〝近代歴史学の父〟L・ランケの書いた

『世界史』も、〝中国歴史の父〟司馬遷《しばせん》が書いた『史記』も、細かいことまで精査すれば間違いだらけですが、だからといってこれらの書が輝きを失うことはありません。

書の評価は「誤謬」にではなく「輝く部分」にあるからです。

すぐれた人物は、読書を通じてその〝輝く部分〟を探してそれを吸収しようとし、どれほど多くの本を読んでも教養が高まらない人というのは、読んだ本の重箱の隅をつつくようにしてアラを探し、揚げ足を取り、誤りをほじくり出すことばかりに執心しますが、そこに〝成長〟はありません。

③第三に、読書から読み取った〝輝く部分〟をいつでも引き出せるように頭の中でカテゴライズし、これを自分の人生の中で実践し、失敗を繰り返し、折に触れ読み返し、その言葉の〝真意〟を体得していくこと。

ここまでして初めて、読書で得た知識が人生に活かされます。

――読書百遍、義自《おのず》から見《あらわ》る。

1度や2度読んだだけでは理解できていなかった言葉の真意が、何度も読み返すことで理解できるようになるということはよくあることで、本を読み終えたらそのままホコリをかぶらせてしまうようでは、その読書はムダになります。

釈尊《しやくそん》は言いました。

――言葉は月を差す指にして、月そのものに非《あら》ず。

師が月（真理）について説明する際に、指（言葉）で月を指さしたからといって、その指が月だというわけではありません。

師が真理（月）を説明しようと言葉を尽くして説明してあげているのに、愚者はその言葉（指）そのものを丸暗記して（見て）わかったような気になることを諌《いさ》めた言葉です。

どんなに「指（言葉）」を凝視（丸暗記）したり、些末《さまつ》なことにこだわって（誤謬を指摘）みたところで、「月（真理）」を理解することはできないのですから。

本書で譬《たと》えれば、本書のテーマ「物事を多面的に見る（月）」ことの重要性を説くために「世界史視点から日本史を俯瞰《ふかん》してみる（指）」ことを提議したにすぎません。

本書を通じて筆者が伝えたかったのはもちろん「指」でなく「月」です。

にもかかわらず、「月」には一瞥《いちべつ》もくれず「指」ばかりを凝視・執着する読者が一定数現れました。

哀しい哉《かな》、そうした方は自分がまったく「月」が見えていないことにすら気づいていません。

こうしたことを肝に銘じたうえで、もう一度、本書を読み返していただければ、一度目の通読では気がつかなかった新しい〝何か〟を摑《つか》めるかもしれません。

本書が「月」を見るための「指」となってくれることを願ってやみません。

2021年5月

神野《じんの》正史《まさふみ》

本書は、２０１７年9月、小社から単行本で刊行された
『「世界史」で読み解けば日本史がわかる』を文庫化したものです。

一〇〇字書評

切り取り線

購買動機（新聞、雑誌名を記入するか、あるいは○をつけてください）

- □ （　　　　　　　　　　）の広告を見て
- □ （　　　　　　　　　　）の書評を見て
- □ 知人のすすめで
- □ タイトルに惹かれて
- □ カバーがよかったから
- □ 内容が面白そうだから
- □ 好きな作家だから
- □ 好きな分野の本だから

●最近、最も感銘を受けた作品名をお書きください

●あなたのお好きな作家名をお書きください

●その他、ご要望がありましたらお書きください

住所	〒				
氏名		職業		年齢	
新刊情報等のパソコンメール配信を 希望する・しない	Eメール	※携帯には配信できません			

あなたにお願い

この本の感想を、編集部までお寄せいただけたらありがたく存じます。今後の企画の参考にさせていただきます。Eメールでも結構です。

いただいた「一〇〇字書評」は、新聞・雑誌等に紹介させていただくことがあります。その場合はお礼として特製図書カードを差し上げます。

前ページの原稿用紙に書評をお書きの上、切り取り、左記までお送り下さい。宛先の住所は不要です。

なお、ご記入いただいたお名前、ご住所等は、書評紹介の事前了解、謝礼のお届けのためだけに利用し、そのほかの目的のために利用することはありません。

〒一〇一-八七〇一
祥伝社黄金文庫編集長　萩原貞臣
☎〇三（三二六五）二〇八四
ohgon@shodensha.co.jp

祥伝社ホームページの「ブックレビュー」からも、書けるようになりました。
www.shodensha.co.jp/bookreview

祥伝社黄金文庫

「世界史《せかいし》」で読《よ》み解《と》けば日本史《にほんし》がわかる

令和3年6月20日　初版第1刷発行

著　者　神野正史《じんのまさふみ》
発行者　辻 浩明
発行所　祥伝社《しようでんしや》
〒101－8701
東京都千代田区神田神保町3－3
電話　03（3265）2084（編集部）
電話　03（3265）2081（販売部）
電話　03（3265）3622（業務部）
www.shodensha.co.jp
印刷所　堀内印刷
製本所　ナショナル製本

Printed in Japan　© 2021, Masafumi Jinno　ISBN978-4-396-31808-6 C0120

祥伝社黄金文庫

井沢元彦

歴史の嘘と真実

誤解だらけの「正義」と「常識」

語られざる日本史の裏面を暴き、現代の病巣を明らかにする会心の一冊。井沢史観の原点がここに！

井沢元彦

誰が歴史を歪《ゆが》めたか

日本史の嘘と真実

教科書にはけっして書かれない日本史の実像と、歴史の盲点に迫る！ 著名言論人と著者との白熱の対談集。

井沢元彦

誰が歴史を糺《ただ》すのか

追究・日本史の真実

梅原猛《うめはらたけし》・渡部昇一《わたなべしょういち》・猪瀬直樹《いのせなおき》……各界の第一人者と日本の歴史を見直す、白熱・興奮の徹底討論！

渡部昇一

日本史から見た日本人・古代編

「日本らしさ」の源流

日本人は古来、和歌の前に平等だった……批評史上の一大事件となった渡部史観による日本人論の傑作！

渡部昇一

日本史から見た日本人・鎌倉編

「日本型」行動原理の確立

日本史の鎌倉時代的な現われ方は、昭和・平成の御代《みよ》にも脈々と続いている。日本人の本質はそこにある。

渡部昇一

東條英機 歴史の証言

東京裁判宣誓供述書を読みとく

日本はなぜ、戦争をしなければならなかったのか？——日本人が知っておくべき本当の「昭和史」。